Petre Barbu
BOG BLAGOSILJA AMERIKU

Recenzent
MILJURKO VUKADINOVIĆ

CIP – Katalogizacija u publikaciji
Narodna biblioteka Srbije, Beograd

859.0-31

BARBU, Petre
 Bog blagosilja Ameriku / roman / Petre Barbu ; s rumunskog preveli Vlastimir i Miljurko Vukadinović. – Beograd : Rad, 1998 (Beograd : Zuhra). – 160 str. ; 21 cm.

Str. 158–159: Humorna iskliznuća i metafizičke ludosti / Miljurko Vukadinović.

ISBN 86-09-00548-8

ID=60401164

PETRE BARBU

# BOG BLAGOSILJA AMERIKU

*roman*

S rumunskog preveli
VLASTIMIR I MILJURKO VUKADINOVIĆ

Rad

# 1

Ona dvojica poljskih turista, koje sam naučio da se kupaju u pesku, otišla su zadnje noći avgusta, plativši u žurbi hotelski račun i ostavivši gospodinu Remusu tri novčanice od po dolar, kao znak da ono što je video nije za priču. Za ovaj ponižavajući bakšiš, gospodin Remus nam je mahnit ispričao sve što je video: dva tiha Poljaka bacivši svoje kofere u njihov nesrećan fiat odmagliše bez ijedne reči na rastanku. Šef recepcije nam pokaza te tri prljave banknote. Nisu bile falsifikat; i Lujza ih je proverila. Onda nas preneražen upita: „Možda im se nije svidela hrana?" Međutim, isti meni (pomfrit sa pilećim pečenjem, salata od kiselih krastavaca, limunada i savarina) bio je i prošle godine. „Da, možda nisu mogli da izdrže ovakav konfor?" U poslednje četiri godine, kako redovno dolaze, nijednom se nisu bunili niti žalili na konfor jedinog hotela na obali... „Da im možda nisu dosadile naše Rumunke?" Nisu im dosadile, uveravala ih je Lujza. „Da li ste ih, možda...", predosećao sam da će se pitanja šefa recepcije brzo izroditi u besmislene pretpostavke: „... pokrali dok su se kupali u pesku?" Na to ga je moja sestra nazvala tuberkuloznim papagajem (gospodin Remus se kiselo osmehnuo) i od tog časa digosmo ruke od istraživanja razloga tajanstvenog odlaska i jedinih stranih gostiju što su provodili svoj odmor na našoj plaži. Mama je očistila njihovu sobu ne našavši ništa neobično: prazne flaše votke, dva njihova dezodoransa neprijatnog mirisa, jedan ruski nekorišćen sapun (mama ga je donela kući uz blagoslov gospodina Remusa) i mnogo zgužvanih duvanskih paklica.

Posle odlaska Poljaka, tri dana kasnije, uprkos lepom vremenu i našoj sklonosti ka kupanju u pesku (ipak ne bejasmo voljni) izgubismo i mogućnost da štogod zaradimo. Pročitavao sam novine na terasi hotela a moja je sestra, naravno, skitala kroz bedne diskoteke naše varoši, u društvu grupe rokera, švercera i mini-suknjica. Sa njima je išla i Kristina. Lujzine avanture najviše su pogađale mamu, ali ne zato što sestra nije bila u kući po četiri-pet noći zaredom, dajući gospođici Puši priliku da širi sve vrste ogovaranja kroz grad. Nisu ove stvari najviše nervirale mamu. Umesto da pomažemo tati u branju paradajza, na farmi koja je pripadala jednom akcionarskom društvu koje je povoljno plaćalo nadničare, više smo voleli da dangubimo. I kako vreme znači novac... tata se vraćao svakog dana sa nekoliko stotina leja i sa tri-četiri velika paradajza u džepovima radnog odela. Samo su mama i tata jeli salatu od paradajza. Sa dobijenim novcem Lujza je mogla da pokrije troškove puta do Bukurešta i da sebi plati za dva meseca smeštaj u studenjaku, samo ako bi radila celog leta na farmi, računao je tata podsećajući svakodnevno mamu a mama je to nama kao radio-Mileva... Tata nije imao dovoljno kuraži da nam javno otkrije ove računice a u njegovu bojažljivost tek ćete se uveriti.

Činjenica je da se moja sestra preko leta spremala za ponavljanje godine na Pravnom fakultetu a što je svakako bilo i posledica nejasnih problema, oko kojih se plela jedna nervirajuća tišina. To je u našoj porodici za posledicu imalo poprilično već zategnute odnose. Gospođica Puša bila je ubeđena da je Lujza na fakultetu studirala politiku levice i da je ponavljanje samo jedno upozorenje...

Mama je savetovala moju sestru nebrojeno puta da prestane sa kupanjem u pesku jer se već i na osnovu ove gluposti ispredaju priče, da se baci na knjigu, uskoro počinje škola, mnogo se troši, treba da ima diplomu, teško se danas zarađuje parče... Obično bi na to kao Lujzin odgovor usledilo prevrtanje tabure u kuhinji, nesnosna vika – kao dosta je njoj tih idiotskih pridika, da joj ne treba posrednik (mama) da čuje priče jednog (tate) koji nam vadi oči što nas je podizao, provlačio kroz škole, držao nas sve na grbači... kao doći će i njenih pet minuta kad će im isplatiti sve dugove i uloženo do poslednje pare... jer oni nas ne vole... Ne volite nas, završila bi odlučno i odsečno Lujza zabarikadirana u svojoj sobi. Mama bi podigla tabure i počela da plače. Onamo, u trpezariji, spavao bi ili gledao televiziju tata koji bi, naravno, čuo revoluciju u kući i dranje svoje ćerke, ali se ne bi usudio da izađe i da joj zvizne par šamara.

Zašto postoji toliko zla u ovoj kući, kršila je mama ruke ispod peškira za brisanje posuđa. Čitavog života sam htela da bude mir, da svima bude dobro...

Tako je vezla mama. Nisam je mogao zaustaviti. Mama je bila čamac bez vesla na talasima sećanja. Povremeno bi se glasno preslišavala scena iz mladosti proćerdane u traženju posla, zarađenih batina od strane oca koga je ona sa svoje dve ruke prala, hranila, svlačila, uspavljivala, budila, punila mu uši... dok je tata odlazio na gradilište svojim brodovima izgrađenim u petogodišnjim planovima... Trideset i pet godina. Kako je vreme samo prohujalo! Koliko je samo mama kiretaža uradila. Tata se samo podboči i zapreti: „Ako ne rodiš decu, veži sebi kamen o vrat i baci se u debelo more!" I tako se rodismo mi. Koristeći dobordušnost gospon Remusa, mama je radila u hotelu sa polovinom radnog vremena, kao spremačica. Nije imala previše posla. Zimi je dvospratni hotel bio zamandaljen a preko leta samo pola kapaciteta je bilo popunjeno. Gospodin Remus bi zvao mamu početkom svake nedelje da opere sav veš u automatskoj mašini, da pobriše sobe, da izmetla hodnike, da opere tepih na koji je povratio jedan pijani klijent ili tip zahvaćen sunčanicom. Tata nije bio oduševljen ovim poslom. G-din Remus je i meni ponudio mesto nosača, da tovarim i istovarujem gajbe pića za hotelski bar, ali se mama odlučno usprotivila.

Čamac sećanja bi brzo potonuo. Mama bi se smirila uz posuđe, uz melodiju odlazećeg mlaza. Potom bi prilepila uvo na zid, odmah pored plinskog šporeta, ne bi li čula šta radi Lujza onamo, sa one strane zida. Nikakva buka nije dopirala. Zidovi u Lujzinoj sobi bili su gotovo tapacirani – prekriveni zvezdama disko i pop-muzike, slikama izvađenim iz „Plejboja", reklamama i sličicama što su oblepljivale i ormar za odeću... prljave pepeljare, zaboravljene pod časopisima i knjige rasturene po krevetu, na podu, mrlje od kafe, konzerve i prazne flaše od kokakole... Ovo nije žensko, gunđao je tata koji nije mogao da uđe u sobu jer je Lujza jednog dana dovela jednog kavgadžiju iz svog društva rokera, švercera i mini-suknjica koji je na vratima montirao (iznutra) jednu jaku bravu. Tata se nije usudio da provali, žestoko je psovao, čula ga je i g-đica Puša. Mama je ulazila dvaput mesečno da počisti. Bio sam jedini član porodice koji je bio privilegovan i koji je mogao da uđe u tu sobu kad hoće (imao sam čak i ključ). Uvek kad sam spavao u Lujzinom krevetu imao sam loše snove. Povrh tog hroničnog nereda po sobi se širio i jedan miris posve drugačiji od svih koje sam sreo. Odeća, knjige, papuče, čak i češljevi mojih sestara su isto mirisali; bezimeni parfemi koje nisi mogao nigde naći a ja sam ih tražio među dezodoransima, kremama, flašicama i nisam mu mogao ući u trag. I mama je još na rođenju primetila taj čudni miris. Niko iz naše porodice nije mirisao kao Lujza. Ni ona sama nije znala na šta miriše.

Posle ovakvih žestokih nastupa besnila, ako bih ušao u Lujzinu sobu i trgao je iz sna (siguran sam da se pravila da spava) govoreći joj kako se loše ponela prema mami, da su oni bili nikakvi – naši roditelji... Lujza bi se okrenula i zatvorenih očiju mi dobacila: „Impotentni!" Zagnjurila bi glavu u jastuk glasno se kikoćući. Samo jednom sam podneo takvo poniženje i otada se više nisam ni ja usuđivao da joj išta prigovorim.

Lujza je nekad sanjala da postane rok-pevačica. Imala je glas i umela je da se dere u mikrofon. Završne godine srednje škole pobedila je na jednom takmičenju lokalnih talenata. Proslavili smo događaj u našem krugu: Lujza, Marius i ja, na plaži cele noći. Moj brat se napio a ja sam prvi put pušio „Marlboro". Lujza nas je zatrpavala pričom o svom uspehu. Kako joj je čestitala lično predsednica žirija, čuvena pevačica iz Bukurešta koja je provodila godišnji odmor na našoj obali, kako je primila cveće od obožavalaca, aplauze... Lujza prva zaspa na plaži.

Naravno, spiskala je sav novac od nagrade na cigare i piće, iako je mama predlagala da ih pohrani u banci. Diplomu je bacila u kontejner za đubre. Mama je izvadila i sakrila je u svoju kesu sećanja. Lujza je odlučila da se posle ovog uspeha upiše na konzervatorijum, ali je tata rekao da uradi li to neće ostati više na njegovoj grbači... umetnica! G-đica Puša je osporavala Lujzin uspeh: spavala je sa jednim članom žirija, mladim kompozitorom i zato dobila glavnu premiju. Te godine Lujza se vratila sa pohvalom. Pokazala mi je diplomu a potom je zgužvala (mama je ponovo iščeprkala iz đubreta). Nakon tog takmičenja nisam je više čuo da peva ili sa zanosom priča o muzici. G-đica Puša me je presrela na stepeništu naše zgrade: „Vidiš da joj tamo nije uspelo?" Takođe smo saznali od naše komšinice da je g-din Remus predložio Lujzi da formira rok--grupu i da peva u restoranu hotela, ali moja sestra je to ladno odbila. Posle tri godine, bez većeg napora, Lujza je uspela da se upiše na Prava. Sve ovo vreme moja sestra je imala avanture sa grupom rokera, švercera i mini-suknjica. Lutali su diskotekama, jeli i spavali u vagonima železničke stanice, na plaži, pevali na ulicama, u bioskopima; ni flaše im nisu falile... Sve se to okončavalo tučama sa Ciganima koji su se udvarali devojkama iz grupe. I – jednom – bez ikakvog razloga grupa se raspala iz dosade.

Kristina je svirala klavir iako triput nije prošla na upisu na konzervatorijum. Svi su ipak bili ubeđeni da će postati zvezda veća od Dana Grigorea. Njen otac je bio računovođa u banci, a majka direktorka klanice. Kristini su se udvarali mnogi dečaci. Jednom je bila gotova da se uda za nekakvog oficira trgovačke mornarice, ali je tip nestao u brodskoj katastrofi kad je jedna britanska podmornica udarila verenikov brod... i ljubavna priča je isparila. Kristinica uopšte nije nosila crninu, uzdisala je naša komšinica. Lujza i Kristina su bile frendovi. Moja sestra je zalepila jednu njenu sliku iznad postera Madone i Samante Foks. Kristina je kročila u našu kuću dvaput. Drugi put upoznala je Mariusa i mama ju je poslužila slatkim od višanja.

Kad bih ušao u trpezariju da kažem tati da sam spreman da sledećeg dana idem na farmu, da ne vredi da nam mama svakodnevno soli pamet a tata sam može da dođe da nam kaže svoje, da će Lujza postati pravnik i udaće se, da će se Marius snaći i bez nas, da nije trebalo da sijalice od 60 W iz kupatila zamenjuje sijalicama od džepne lampe... tata bi dobacio jedan turoban pogled i prosiktao „Mrzovoljniče! Ovo je moja kuća". Bio je u pravu, bila je to njegova kuća.

## 2

Gosn Remus je naposletku ukapirao da su ona dva Poljaka naučila kupanje u pesku a da nisu ostavila ni prebijen lej. Svakako, kladim se, da smo ih olakšali za nešto para. Lujzi ih je bilo žao: „Razmisli malo, na samom početku leta kad se pesak još kravi, Lolek i Bolek (kako smo iz milošte zvali Poljake!) izlaze, da kažemo, negde na obali Baltičkog mora i kupaju se u pesku pred zgranutim pogledima sabraće. Kapiraš li? Kad ih budu zapitali odakle znaju tu stvar izgovoriće moje i tvoje ime". Gosn Remus nas je obeshrabrio: „Sindikalni pokret Poljaka je veoma jak i zahvaljujući ovoj činjenici, ako su ovo dvoje sindikalci (stvar za koju se nismo dovoljno interesovali!), rukovodstvo sindikata će ih obavezati da im povere vašu tajnu. U ovom času Poljaci bi ladno mogli da patentiraju kupanje u pesku, da imaju čak i školu i da sistematski izvode vašu metodu." Lujza se zakikota, prođi se, Remi, ne pričaj gluposti!

Nakon prve avanture po odlasku Poljaka, Lujza je ostala u svojoj sobi dva dana. Pojavila se zatim namrgođena na terasi hotela. Istrgla mi je iz ruku časopose koje sam čitao (čini mi se da sam ih ja od nje bio *pozajmio!*), naručivši veliku kafu od kelnera. Zapalila je cigaru, dok kafa nije stigla nije glavu digla sa časopisa. Gosn Remus se smestio za naš sto, bez buke, poput mačke.

– Naučio si da plivaš, Remi? – zapita naglo Lujza bacivši časopise na sto. Šef recepcije bio je jedini muškarac na obali koji nije znao da pliva. Sa bezmalo šezdeset (nikad ga nismo čuli da se javno deklarisao na tu temu!) nije bio viđen kako ulazi u more. Ni makar do zglobova, da rashladi noge uvek progutane izglancanim crnim cokulama, sa pertlama, nošenim po svakom vremenu i u svakoj prilici.

Gospođica Puša je podržala da je stari prevalio tri četvrtine veka a ponaša se kao junoša od tri banke: farba kosu u kestenjasto, što je u neskladu s njegovim suznim guščjim očima, nosi odela 'de ginerica', dvoredno zakopčavanje, prugaste košulje i pidžame na cvetiće kao pederi! I povrh svega peva 'Internacionalu' u kupatilu! Taj čovek je moj smrtni neprijatelj!", ponavlja komšika uvek kad joj se ukaže prilika.

U mladosti, kad je gosn Remus bio maslačak od funkcionera u administraciji Brodogradilišta, seća se naša narogušena komšika, zaljubio se beše u sirenu... Jedne noći gospođica ga je videla golog golcijatog, švrlja po plaži plivajući sa morskom beštijom ka pučini. Bilo je more ljubavi među njima! Ako ne veruješ, provociraš me, pitaj svog taticu. Na žalost, sirenu je pojela ekipa nekog bugarskog brodića koji je greškom ribario u našim vodama i ljubav je propala. Otada nijedna žena za njega više nije dala ni dve pare. Ovaj kilavko vas vara, zna veoma dobro da pliva, ali mrzi more!

Nama je bilo jasno kao dan da je gosn Remus tatin vršnjak i da nije plivač a bio je oženjen jedan jedini put, veoma lepom ženom koja ga je napustila posle dve godine braka. Rekla nam je to mama i mi smo joj verovali.

Gosn Remus se sanjivo nasmešio praveći se da nije čuo pitanje. Lujza, nalakćena, pridržavajući čelo dlanovima, kaza mi:

– Pada kiša u našoj kući.

Šef-recepcionar se zakikota, pravi mišji cijuk. Lujza prasnu u grohotan smeh, posmatrajući jedino mene. Turisti gacaju po vodi. Jesen će uskoro doći i obala će opusteti. Počeh da se smejem. Zapravo sve troje smo se smejali.

– Ti si razumeo šta sam ti rekla? Idi kod majke, pada kiša – produži mrtva ozbiljna Lujza. – Potreban si joj.

Pokupio sam časopise, pozdravio gospodina Remusa i krenuo kući. Mogla je da nađe neki drugi izgovor da bi ostala sama sa Remusom. Nastranost, ali još više njen ton, pogađao me je. Tata ga je primio pre trideset godina u Brodogradilište. Naša zgrada bila je osmospratnica, poslednja u nizu, na samom rubu varoši, na nekih stotinu metara od mora. Stanovali smo u trosobnom stanu na četvrtom spratu. Mama mi je ispričala kako je Lujza naučila da pliva pre no što je progovorila. Marius je bio još bistriji: prvo je naučio da pliva a nakon toga da hoda! Ja sam proplivao sa deset godina. Lujza i Marius su izašli iz zgrade, trčali po pesku, skakali u vodu i daleko plivali. Bučno su se vraćali, praćakajući se u vodu. Od njih se nije čulo kako je tata tukao mamu. Gđica Puša je sve čula. Posle Dežove smrti, priča se, stanovnici zgrade počeli su da se sele, jedan za drugim, u zgrade u samom centru varoši. Kad je Marius završio fakultet, baš u dane olimpijade u Los Anđelesu, zgrada je ostala gotovo pusta, čak ni Cigani nisu upadali u prazne stanove zbog kolona miševa i pacova, komaraca koji se nisu mogli istrebiti ni uz pomoć najubojitijeg ruskog spreja, zbog poplavljenih podruma koji su bili pravo leglo za sve zlo i svu ovu i drugu grdnu gamad. U zgradi s jednim ulazom i demontiranim liftom, s balkonima koje su vetrovi pojeli, bilo je ostalo još jedva petnaestak osoba, većinom penzionera pomirenih sa sudbinom.

„Sa našim blokom počinje naša otadžbina, ako dolaziš sa mora" – ponosio se tata kada je bio dobro razpoložen. Iza nje, na nekih četiri stotine metara nikle su druge zgrade – četvorospratnice. Ustvari, tamo i počinje naša varoš. Zgrade su okružene zelenilom, dobro održavanim. Odavno se raščulo da mi, stanovnici bloka, na puškomet od mora, imamo šansu da u dane obasjane suncem vidimo tursku obalu. Dve godine smo ubeđivali naše sugrađane i prispele turiste da se Turska ne vidi ni ultracrvenim durbinom pa čak i ako se popneš na krov. Gđica Puša je pokušavala da obeshrabri ljude *instalirajući* se na ulazu u zgradu i naplaćujući taksu veću od bioskopske ulaznice. Nije uspela da potisne njihovu znatiželju. Ljudi su mirno plaćali samo da se popnu na krov zgrade i odozgo zavire u Tursku. Nakon mnogobrojnih traženja po pustom horizontu, radoznalci silažahu razočarani, sa suzama u očima. Ideja da se Turska od nas vidi korsti se i dan-danas, ali nikome ne pada na um da se zamara penjući se osam spratova, prljavim stepeništem.

Godinama tata je gomilao sećanja, potvrđena toliko puta od preostalih stanara i do dolaska Opštine, preko koje su slani nekakvi specijalisti da na licu mesta provere situaciju i da utvrde planove za popravku i konsolidovanje zgrade. Nismo primili nikakav odgovor, žali Bože toliku hartiju! Samo je jedan bradati arhitekta stigao, na kraju jedne zime, osmotrio zgradu, obišavši je nekoliko puta, upalivši lulu peo se na zgradu, opomenuvši gđicu Pušu da se odozgo ne vidi Turska. Zatim je sišao. Arhitekta, kržljavko, nije imao ništa drugo do jednu pribelešku. Na rastanku, rekao je našoj komšinici kako će, uskoro, doći specijalci da odseku gornja četiri sprata. Uključujući, uzbuđeno će Puša... Ne!, povuče muški iz lule arhitekta i ode prvim vozom u Bukurešt. Normalno bi bilo da se gđica Puša raduje, eto, država se stara – sigurno će dobiti stan u boljoj zoni, bliže centru, u boljoj zgradi... ali je komšika sa petog sprata sasula rafal kletvi, psovki i optužbi – sve bez adrese, doteravši dotle da kaže: „Ovo je moja kuća. Nigde ne mrdam odavde!" Isto je ponovila svakom od stanara kog smo sreli usput. I sama uplašena *najavljenom operacijom* majka je počela tepihe da savija u trubu i da skladišti namirnice. „Ostarila si!", čačnu je tata. Mama je opet ispala kriva. Oribala je drvenariju, širom otvorila prozore i stavila nove zaštitne mreže protiv komaraca. Arhitekta nam je pokazao put i mi smo ušli u drugo proleće.

Na putu prema kući, zaustavih se te popih citronadu, na prvom kiosku do plaže. Seo sam potom u pesak, pored džinovskog suncobrana što je drečavo žutim reklamirao „Camel". Nisam ga video ranije. Pod suncobranom, par peraja, platneni plavi džak, triko bačen preko nekakve suknje, debela knjiga sa čvrstim povezom. Kristina je bila u vodi. Tursti su se povukli – na ručak. Ranijih godina, u drugo vreme, držali smo prozore u kući non-stop zamandaljene, zbog galame koja je dopirala sa plaže. Jedan cirkular iz Opštine, nekoliko godina docnije, zabranjivao je stanarima našeg bloka da izdaju sobe turistima. Sada, među pacovima i akrepima i da mu platiš, nijedan turista ne bi se usudio da uđe u neki od napuštenih stanova. Privatne turističke agencije nisu se otimale za mesta na našoj obali. Šta ima ovde da vidi turista? Plaža duga kilometar, zapuštena, jedan ružan dvospratni hotel u čijem produžetku se izležavaše olupina teretnog broda. Usred plaže behu dva improvizovana kioska gde su se prodavala osvežavajuća pića, slatkiši i sezonske potrepštine, kao uostalom i na drugom kraju plaže, pored našeg bloka. Malo sveta, sirotinja, sindikalci pristigli na kartama kupljenim po znatno sniženim cenama na početku godine, mladež pomirena sa tim da može da se jednom okupa pa da briše nazad. Ni hotel nije bio nekakav biznis. Gosn Remus obrnuo je nekoliko dobrih poslova ranije, sa smeštajem turista u privatnoj režiji. Govorkalo se u varoši da mora biti milioner koji leži na lejima. U prvom redu, izgleda oronuo, hotel koji je vlasništvo države, sagrađen od nekih brigadira koji radiše u Transfigarušu i koji se odmaraše tri meseca na našoj obali. Behu to vrlo veseli momci. Za vreme godišnjeg odmora podigoše dva sprata i odoše na drugo gradilište, negde izvan zemlje. I ne vratiše se da dovrše započeto. Srećom ostaviše improvizovani krov. Pouzdano se zna da su brigadiri imali duži odmor hotel bi imao bar osam spratova, kao naš blok, žalio je gosn Remus, i erkondišn, i pokriven bazen i druge zgode! A pored toga, razvijao je svoju ideju stari lisac, ja sam državni službenik, imam zamrznutu platu, kao što i sami znate! Što se tiče davnašnjih poslovanja, bila su legalna, porezi uredno plaćeni i napravio sam, istini za volju, nešto para, uložio sam ih u štedionicu, i kunem vam se, nisam milioner! I mi smo mu poverovali.

Htedoh da srušim makar još jednu citronadu ali pare mi to uskratiše.

– Zdravo! – pozdravi me Kristina, stojeći pod suncobranom.

Otpozdravih i povukoh se u senku. Zbrisan kao mokrim peškirom, strane marke. Koje časopise to čitaš?... I sve oko toga. Naginje se da se sama uveri. Kristina ima dvodelni kostim, kako se kaže, vrlo skup. Skinuvši kapicu ličila je na vešticu. Isplazi mi jezik, da me malo uplaši. Zatim poče da naširoko raspreda o tome kako se zabavlja u hordi rokera, švercera i mini-suknjica.

Stigoše do depoa za tramvaje. Podmitivši čuvara flašom votke grunuše u „Makaze". Šta još uradiše? Ne znam. Pevahu, igrahu i iza ponoći napustiše „Makaze". Beše to ludilo! Čuvar je ostao mrtav pijan, oni su urlali i vozikali se tramvajem. Vozili se kroz celu varoš; da li im to nešto znači? Da se voziš tramvajem, noću, kroz pusti grad, opustelim ulicama, da se ne zaustavljaš na semaforima, da povećavaš brzinu kad ti se prohte! Prosto, obeshrabrih se, čuvši sve to. Imaš pravo! Počeli su da se oblače. Nastavljaju. Popio si svoje piće, odigrao jednu igru! Pa dobro! Ko pravi turu obilaska grada, bez zaustavljanja, u najkraćem mogućem roku, ispunjavajući sve želje koje mu padnu na pamet. Znaš li ko je profitirao? Lujza! Otkud znaš? Ti si to rekao! Ne! Ne! Oni, ne! Zaradio si toliko da jedva možeš sebi da skrpiš za piće, ali onaj koji je imao hronometar bio je pijan ko ćuskija. I šta je bila njegova želja? Ne znam i nemoj mi reći. A ti – jesi li rekao svoju želju? Popili smo toliko da smo zaboravili na nju; samo želje onih koji ih imaju na pretek se ispunjavaju! Zašto? Zato što je takva igra! Koja glupost. Ako bi bio s nama, koju bi želju imao? Da postaneš milioner?! Nije rđavo, dodaje Kristina. Znaš, kad smo pravili turu kroz grad, tamo, u kolima, imala sam utisak da letim. Bila si nacvrcana. Ne, isključeno! I Lujza i Bobi imali su isti utisak. Ko je Bobi? Jedan otkačeni tip. Svršio je agronomiju u Bukureštu i traži posao u varoši. Sviđa mu se do ludila *Metalika* i smatra da ja ličim na Madonu. Vi ste šašavi, najebaćete jednog dana!

U pet izjutra prošao je i Postolake. Bio je na dežurstvu, na raskrsnici. Mi smo napravili skandal i razbudili smo čitavu varoš. Nismo više imali pića da mu začepimo gubicu. Dva sata smo ga *obrađivali* da nas ne pohapsi ili kazni. Momci su odneli „Makaze" u depo.

Pomogao sam Kristini da sklopi suncobran marke „Camel".

– Da popijemo još po jedan sok! – pozva me a ja prihvatih oberučke.

Ispih ga oslonjen o suncobran koji mi je dala da pridržim. Nije me zamolila, ali sam razumeo da treba da je otpratim do kuće. Kristina je inače stanovala u samom centru grada, u jednospratnoj vili. Bez žurbe je srkutala limunadu.

– Hoćeš li da mi prodaš šešir?

Beše Mariusov, sad je bio moj, i već je počinjao da odlazi u svim pravcima. Nosio sam ga celog leta, a na kraju sezone sam ga zavrljačio pod krevet. Otkrih glavu, gledajući šešir veselo.

– Daću ti pet hiljada leja!

Ovim novcem sam se mogao pretplatiti na najznačajnije književne listove i časopise u zemlji.

– Ne mogu... Donosi mi sreću.

– Tebi, koji toliko čitaš, treba sreća?!

Vratih ga na teme. Usput mi je Kristina odmotavala film koji je gledala na videu, na kaseti pozajmljenoj od nekog prijatelja. Zatim mi je rekla da ima zakazano kod zubara, udubivši se u razne stomatološke detalje koji me ni najmanje nisu zanimali. Pijanistkinja treba da ima dobre zube da može njima da pokida klavirske žice! Stegla je knjigu zaustavivši se pred vilom.

– Znaš li da vam prokišnjava u kući?
– Otkud znaš? Od Lujze?
– Svi znaju. Osmehnu se i zatraži mi suncobran „Camel". Drugi put pođi s nama da vidiš šta je provod!

Klimnuh glavom. Podseti me još jednom da je spremna da pregovara o ceni šešira i da dâ koliko zatražim.

– I nećeš da čuješ koju sam želju sebi poželela?! Da rodim dečaka u tramvaju, na putu ka porodilištu – smejala se poput Lujze, ulazeći u dvorište.

Kristinina ulica, zaklonjena starim kestenovima, bila je valjda jedina gde nisam izvršavao svoju omladinsko-patriotsku obavezu. Moja je sestra sistematski bežala sa ovih radova, zbog čega je imala, tokom cele srednje škole, smanjenu ocenu iz vladanja. I mene je nagovarala da i ja isto učinim. Za razliku od nje, Marius je sadio drveće po varoši i možda je zato bio odlikaš svake godine i uspešan na fakultetu.

Tramvajem sam se mogao vratiti kući brže, ali mi se prohtelo da se vratim peške. Na raskrsnici, u centru, narednik Grigore Postolake je dirigovao vozačima, pešacima... „Ako bi preko jednog Grigorea prošao kiper pun cementa, on bi se za tili čas podigao sa kaldrme i istresao uniformu od prašine, nastavljajući da rukovodi saobraćajem", ponavljala je g-đica Puša, svaki put kad bi saznala iz novina da su policajci u Južnoj Koreji intervenisali suzavcem protiv demonstranata. Karijera pedesetogodišnjeg policajca je započeta u selu Gornja Stankuca, gde je ostvario takav podvig koji ipak nije ušao u Ginisovu knjigu: deset godina bez ijednog saobraćajnog udesa u njegovoj zoni! *Prirodno* je, nakon deset godina mukotrpnog rada u prašini, po najcrnjem blatu, među psovkama traktorista, među konjskim kolima i čezama koje su zbog nepažnje mogle biti žrtve kombajna što su se muvali sokacima u vreme poljoprivredne agitacije, Grigorije Postolake premešten u Bukurešt. Dobio je zonu Most Grant i, na iznenađenje kolega, postavio je novi rekord: najveći broj kazni dodeljen vozačima u toku jedne godine! Tačnu cifru ne zna ni Grigore. Sve ovo mi je postalo dostupno preko g-đice Puše. Njegova okretnost je ipak jednog dana bila fatalna, kad je zaustavio crna kola sa žutim tablicama nakon prolaska kroz crveno. Otrpevši šoferove psovke narednik je presavio list i sačinio zapisnik oduzevši vozilo izgredniku. Posle dva dana Grigore Postolake obavešten je da su mu pripremljeni papiri za premeštaj u neko selo na severu Moldove. Smesta je pocepao oduzetu vozačku dozvolu pokupivši svoje stvari. Nakon osam godina boravka na neasfaltiranim putevima Moldovskim ponovo je pozvan u Bukurešt. Nije ponuđena zona Mosta

Grant. Pripao mu je Rimski Trg. Posle decembra '89 vraćen je u isto moldovsko selo na severu. Tamo je ostao samo godinu dana da bi potom bio premešten u naš grad. Iako se kod nas nalazi tek nepune dve godine, narednik Postolake već može ozbiljno da konkuriše za najpopularnijeg stanovnika varoši, tvrdi g-đica Puša. Gosn Remus smatra da je milicajac najveći pokvarenjak u nacionalnom saobraćaju.

Kod kuće zatekoh mamu kako skamenjena bulji u strop. Videvši me, g-đica Puša se oseti obaveznom da mi objasni:

– I majka ti se uverila da nemam naprsle cevi i da je instalacija u redu. Gornji stanovi su prazni, to svi znaju. Molim vas, lepo? Nisam kriva i neću da plaćam nikakve popravke, ali se bez instalatera ne može živeti!

Naš jedini persijski tepih iz trpezarije bio je raširen na terasi, da se suši. Nasred sobe *ugnezdio* se lavor sa vodom! *Smenila* ga je kofa dok je mama sadržinu iz lavora prosula u WC-šolju. G-đica Puša je nekoliko trenutaka pomno gledala u tavanicu da bi *stručno* zaključila: „Tako se ne može više živeti, idem da pozovem instalatera!" i – zalupi ulaznim vratima.

– Svega mi je preko glave – zavapi mama, brišući ruke o kuhinjsku krpu.

Sa tavanice, na metar od lustera, šikljao je tanak bistar mlaz vode, kao da je neko odozgo odvrnuo slavinu. Popeo sam se na hoklicu pokušavši vrhom prsta da zaustavim bujicu. Voda mi je curkala kroz prste. Nije ni približno mirisala na vodu iz naše česme koju je mama obično kuvala pre no što smo je pili. Vodeni mlaz je imao takav pritisak da je padao ravno u kofu. Na tavanici se napravila mrlja poput novčića od pet leja. Nakon sat vremena (mama je bar petnaest puta menjala lavor sa kofom!), tata je stigao sa farme, noseći plastičnu kesu punu paradajza. Pod miškom je imao lubenicu. Mama je usplahireno objašnjavala: „Oko dva sata sam gulila krompir kad me je trgao čudan potmuli zvuk, kao da je neko otvorio bocu šampanjca." Tatu poređenje nije ubedilo. Vratio je jelo na oganj, sišao u trpezariju – kao da ga baš ništa ne zanima! Video je, najpre, vlažan persijski tepih, gacao je u vodi do članaka, po vrućoj vodi – pukla je cev za toplu vodu! Tata se nasmejao, škrgućući zubima: „Opet treba da krečim!" Tekla je kao iz slavine, nastavi mama sa neumesnim poređenjima: „kao kad se tuširaš u kadi!" Srećom nije se protivila. Brzo je iznela tepih na terasu, podmetnula lavor da se puni, obrisala pod krpama a zatim otrčala gore, kod g-đice Puše. Komšinica je izgledala zapanjena: nema poplavu! Pustila je mamu da svuda proveri, zaviri, opipa... Suvo! Proverila je i u napuštenim stanovima. Suvo kao barut! Sišla je promenivši kofu sa lavorom. Bujica se malo smirila, dok ste vi stigli.

Tata, smrknut, pogleda lavor. Pope se na hoklicu nastojeći da prstom zaustavi bujicu. Bez uspeha.

– Sada piči hladna voda – promrmlja trljajući ruke o džepove pantalona. Mama podmetnu kofu. G-đica Puša u taj čas uđe sa instalaterom – neobrijan muškarac umornog lika.

Tata ih ne udostoji pozdrava. Mama potanko ispriča instalateru šta se zapravo dogodilo, izbegavajući ovoga puta poređenja. Tip se nije dao zbuniti, odmah se setio sličnog slučaja koji je imao njegov sada već penzionisani kolega. Naša komšika upita kako mu se kolega zove, ali instalater, i pored dobre volje, nije uspeo imena da se seti. *Majstor* se popeo na hoklicu, *snimivši* iz neposredne blizine mrlju.

– Gospodine, nije rupa, to je infiltracija! Ajde da vidimo odakle curka!

Na stepenicama se sudarismo sa narednikom Postolakeom.

– Da ste zdravo!

– Dovela sam i njega, da se nađe... objasni na brzinu g-đica Puša.

Tata se pravio da ga ne primećuje i milicajac nas je *ladno* otpratio do sprata. G-đica Puša naredi da se izujemo u hodniku, jer je tek izmetlala. Stan, takođe trosoban, kao i naš, bio je nameštan samo u trpezariji – ostale sobe zvrjale su prazne! Inače, uselili smo se istovremeno. Nikada nismo uspeli da saznamo kako je ona sama uspela da dobije trosoban! Mama je neubedljivo navela neke razloge – kao: vrlo je bolesna i treba joj puno vazduha! Dosta, svi smo joj priznavali avetinjsko bledilo što je uokvirivalo krupne oči, plave. Kosu je držala stalno skupljenu u punđu.

Otprilike tri decenije rinta kao vodič-čuvar u manastiru pod brdom. Zna kako-tako tri strana jezika, ali je niko još nije čuo uživo, pa čak i kad su delegacije stranih turista posećivale manastirski muzej. Svršen student književnosti, gospođica profesor je dobila katedru u jednom selu na severu Moldove, više želeći da bude manastirski čuvar, za manju – ponižavajuću platu. Manastir, proglašen istorijskom znamenitošću odmah nakon Drugog svetskog rata i zaboravljen od restauratora, sklonište grobova dvojice vojvoda, oca i sina, nepomenutih u istorijskim knjigama i čija imena ni na spomen-ploči nisu upisana. Ali za g-đicu Pušu, što je spretno izbegavala da otkrije imena tih vladara, koji po njenim rečima, behu važniji od Mihaja Hrabrog ili Štefana Velikog. Kad bi *upecala* nekog turistu zamlatu izgubljenog pred vratima muzeja, ispričala bi mu ekskluzivno i detaljno detinjstvo, mladost, zrelost, vojničke uspehe, izgubljene bitke i podvige dvojice vojvoda... Nakon tri sata (u najsrećnijem slučaju!) turista bi priznao da su na jednom bregu zakopane vojvode, žrtve zapadnih sila koje nisu pomagale u borbi protiv Osmanlijskog carstva, ali i žrtve ravnodušnosti nezainteresovanih istoričara kojima nedostaje profesionalizam, svinje, bez uvijanja ih je nazivala g-đica; restauratore – kriminalci, samo zbog njih su toliki zidovi pali! A ona je bdeći nad ruševinama zaradila reumatizam, zatim oštećenje disajnih organa; mladost proćerdala... Ne život već mladost, srdito bi isticala kad je kupovala lekove na povlašćene recepte. Pre četvrt veka, iako se klela, u majku i oba spomenika iz manastirske crkve, da nema rođaka, veza ili poznanika, g-đica Puša je dobila šestomesečnu stipendiju za Kanadu, u domenu vizantijske i srednjovekovne arheologije ili tako nešto! Možda je neki kanadski ili francuski turista, zalutavši na odmor kod nas, nakon što je video ruševinu koja je bila *sklonište* za mošti troje besmrtnika (dve vojvode i g-đica Puša!), kako je uobičajavala iz milošte da kaže ili, pak, iz nekog Rumunima nepoznatog osećaja; imala je zapažene govore na specijalističkim forumima u Montrealu da bi ova žena, što je ovde *puzala* kod njih *letela,* objašnjavao je *stručno* gosn Remus. G-đica nije izdržala šest meseci u Kanadi, vratila se posle nepuna dva, bolesna od reumatizma, pateći od pluća i za izgubljenom mladošću. Otud je dovukla

televizor u boji. Na železničkoj stanici sačekali su je majka, gdin Remus i Marius sa buketom karanfila. Razume se, prethodno se javila telegrafski.
– Ti si šenula, Puša? Zašto si se vratila?! – dočekao ju je gosn Remus, videvši je kako izlazi iz voza, s televizorom u naručju. – Ovoga meseca ostala si bez bonova za sledovanje šećera i ulja.

Gospođica se najpre durila, ali kad je u ruci šefa recepcije prepoznala kartice za pomenute namirnice, briznula je u plač, sručivši se na peron. Marius ju je prihvatio, spustivši je na najbližu klupu u čekaonici. To je bilo prvi put da sam tu žensku videla da plače, priseća se mama. Buket karanfila se osušio. Puša je odsedela, gotovo skamenjena, u čekaonici, tri dana i tri noći, sama, ne mareći što joj je neki Ciga zdipio tašnu. Četvrtog je dana g-đica spodbila televizor pod mišku i zaključala se u stanu. Bio je to prvi televizor koji je stigao u našu varoš. Mnogi su građani poljubili vrata, g-đica Puša ih nije pustila unutra da gledaju TV u boji. Zauzvrat, proglasili su je ludom, a televizor lažnim, običnom igračkom. Mama je prisluškivala naslonivši obraz o memljiv zid. Televizor je radio. Puša je još nedelju dana ostala plačući iza zatvorenih vrata. Kad je došla sebi naručila je u nekoj stolarskoj radionici drvenu stražarnicu, jedva nešto veću od telefonske kabine montirala je u neuglednom manastriskom dvorištu, desetak metara udaljenom od crkvenih vrata. Ofarbala ju je u drečavo ljubičastu i za vreme zime se tamo grčila, pored malog kubeta – „da ne ozebem kao egipatski faraoni!", šalila se. Pre odlaska u beli svet g-đica Puša i i mama su se vrlo dobro slagale, razmenjivale su kuhinjske recepte, zabavljale se ogovarajući uz kaficu. Puši su se udvarali mnogi muškarci iz varoši, neki od njih i sad imaju važne funkcije u Bukureštu, ali ona ih je sve redom odbila. „Ne vredi da celog svog veka trpiš jednog prdonju", trljala je zlovoljno čelo a mama se rastužila. Posle Kanade, naša se komšika malo-pomalo stranila od nas. Primetivši to, mama je uskladila ponašanje. Tako da su stigle dotle da se i ne pozdravljaju. Kao da se između njih mržnja *ugnezdila*. Tata se pravio da sve to njega ne tangira, i dalje se javljao g-đici Puši, doduše suzdržano i umereno. Inače, kod tate izrazi ljubaznosti su uvek delovali neubedljivo i beznačajno. Nisam čuo nikoga u varoši da se hvalisao kako mu je Puša otkrila svoje kanadske avanture.

Ceo dan, skupa sa *stručnjakom*, tragali smo za razlogom infiltracije! Instalater je bio naveden na pogrešan put. Cevi u našem stanu bile su u redu. Tata je lako kuckao cevi a *tip* je načuljenih ušiju, prilepljen za komšikin pod osluškivao. Ni nakon ove operacije *majstor* se nije izjasnio. G-đica Puša se ponovo zanimala za ime njegovog kolege penzionera koji se susreo sa sličnim slučajem, ali čovek nije mogao da se seti! Naša komšika je imala *spasonosni* predlog: zamazati malo cementom *sporno* mesto!

Majstor je slegao ramenima obećavši da će sigurno doći sutradan sa ekipom za *tečne intervencije* – da vidimo može li se šta učiniti! Ode zajedno sa narednikom Postolakeom. Mi ostadosmo u stanu kod komšinice, jedino je mama sišla. Umorila se. Nastavili smo da kuckamo zidove, pod, osluškujući pomno sva sumnjiva mesta. Stan je bio valjano istražen. G-đica Puša nam je skuvala kafu pustivši i televizor u boji. Upravo smo videli štetu koju je prouzrokovao uragan na Indonezijskim ostrvima: uništene kuće, ljudi gacaju ulicama u vodi do pojasa. Videvši to, tata je odbio kafu i mi smo se odmah povukli. Vodena nit se stanjila. Seli smo za sto, u kuhinji. Jeli smo gulaš s viškom krompira i paradajz-salatu. Bostan je *vrvio* od semenki. Iz mrlje velike kao novčić od pet leja *suzilo* je!

Mama se prekrstila, tata je upalio televizor. Kapljice su se sasvim proredile. Moglo se dalje bez kofe. Ostali smo na lavoru.

Povukao sam se u sobu da prelistam neke časopise. Po svršetku TV-programa čuo sam tatu kad je rekao da je ovogodišnji rod paradajza loš, da je žetva slaba, da je kukuruz ostao kržljav; da ćemo svakako umreti od gladi! Potom je navio časovnik da zvoni u pet, treba da ide na farmu. Mama je podmetnula lavor, ugasila svetlo i legla kraj tate. U celoj kući samo jedna melodija: kap-kap-kap...

Počeo je da se odmotava i moj najdraži san. Zamišljao sam poslednje dve godine, uoči moje bolesti. Taj započinjani san nikad nisam dosanjao. Ležao sam otvorenih očiju. Bio sam dvanaestogodišnjak i počeo sam da igram tenis u gradskom klubu. Trenirao sam u oštrom ritmu – i po deset sati dnevno, pod nadzorom vrlo strogog trenera. Nisam mogao da prizovem trenerov lik, ali voleo bih da je to bio gospodin Remus. Sa petnaest godina već sam imao za sobom titulu državnog juniorskog šampiona. Sa sedamnaest bio sam bez premca i u seniorskoj konkurenciji i ponuđeno mi je, po prvi put, da učestvujem na turniru izvan granica naše zemlje – u Pragu ili Beču, više nisam siguran gde. Maštao sam da se probijem u finale i da tada pokleknem pred nekim jakim švedskim igračem. Zatim, došli bi i prvi intervjui u zemlji. Praško ili bečko finale bi mi otvorilo vrata za učešće na jačim turnirima. Pa ulazak na ATP listu... Odustao sam od upisa na fakultet. Moj prvi turnir kao profesionalca bio bi u Barseloni ili Madridu, gde bih, nakon teškog meča, pobedio 34 igrača sa svetske rang-liste. To bi mi donelo najmanje 20.000 dolara. Polovinu sume šaljem kući. Sa ovom sumom mi se selimo u jedan od blokova u samom centru. Mama napušta posao u hotelu, tata više ne hita zorom na farmu, Lujza bezbrižno pohađa fakultet... Na Vimbldonu, stižem do četvrtfinala, gde sam eliminisan od trećeg igrača sveta. Plačem od besa u svlačionici a moja se slika pojavljuje na koricama časopisa. Tretiraju me kao vrednog, osetljivog i ambicioznog igrača. Penjem se na 29. mesto. Do velikog američkog turnira dobijam dva-tri turnira u srcu Evrope. Moja kota raste! Moji kupuju televizor u boji i video. Prvi put me Lujza prati na nekom turniru (Cirih) gde pobeđujem. Sa devetnaest godina pobeđujem u Americi, ali gubim finale u Parizu, nakon *klanja* u pet setova. Na konferenciji za štampu priznajem vrednost protivnika i činjenicu da mi serva nije najbolje išla za rukom. Sa dvadeset godina pobednik sam Vimbldona a u publici su mama, Lujza i Marius. Tata nije došao. Kao dvadesetjednogodišnjak – Grand Šlem i penjem se na svetski tron. Na vrhuncu sam slave; haram svetskim rang-listama. Sestra se seli u Francusku i udaje za jednog poznatog francuskog kompozitora. Snima prvu ploču. Mama pravi sebi besprekornu protezu i započinje vrlo složen tretman u Nemačkoj – da joj glavobolje uminu... Marius – sa njim je već teže! Njemu ja ne trebam! U poslednjoj godini mi uspeva, treći put zaredom, da osvojim Grand Šlem. Teniser sam nad teniserima, možda najjači igrač u istoriji ovog sporta. Poznati britanski novinar piše knjigu o meni.

Kao da je to loš znak! U godini kad premašujem milion dolara zarade, naglo obolevam. „Drama u svetu tenisa!", pisaće u novinama. Odbijam intervjue. „Tuberanu", dočekivao bi me tata i, tu negde, završava se moja noćna *slatka mora,* u noćima besanice.

Bio sam gotovo neumoran u izmišljanju novih i još uzbudljivijih situacija, dramatičnih utakmica, stezao bih sumanuto jastuk, lopte jako vraćene, izlazak na mrežu, konferencije za štampu, autogrami, pobedaaa!

Iz sna bih se trzao bacivši jastuk. Za Kristinu ni u mom košmarnom snu nije bilo mesta...

Sledećeg dana tata se probudio, kad je sat zazvonio i ustanovio da su kapi iscurile. Smiren, otišao je pravo na farmu.

Majka je još jednom prebrisala linoleum, oprala lavor sodom, stavila osušen tepih u trpezariju...

Fleka sa tavanice se uvećala.

– Kao teniska loptica je – primeti, kao za sebe, Lujza.

# 3

– „Po-kva-re-ni ži-do-ve oko će-mo ti iš-ču-pa-ti", sricala je Lujza, sedeći na *klozetskom prestolu,* sa papirom na kolenima.

– Našao sam jutros u poštanskom sandučetu – objasnio je gosn Remus drhtavim glasom. Prošle večeri nije ga bilo.

Uzeo sam hartiju i uzbuđeno je proučio: običan papir za pisanje na koji je neko zalepio velika novinska slova. List je bio savijen dvaput. Držeći ga u ruci osećao sam čudan strah, kao da sam ja onaj kome se preti vađenjem oka... Falio je zarez između „Jevrejine" i „oko ćemo ti iščupati", a na kraju je morao biti makar uzvičnik.

– Možda su pogrešili adresu – tražila je moja sestra objašnjenja kako bi smirila starca. – Umesto da su ga stavili u sanduče suseda, zbog mraka, metnuli su ga greškom u tvoje sanduče.

– Ali ja nemam komšije Jevreje, protestovao je šef-recepcionar. Svi što su stanovali u našoj ulici – otišli su u Izrael. Otišli, brate, pre mnogo godina. Ja nisam Jevrejin! Nisam...

— Možda si simpatizer — insistirala je Lujza. — Pogledaj se, kako izgledaš? Starac pogleda uplašen svoje odelo, crno odelo sa dvorednim zakopčavanjem, prugasta košulja, fina kravata, crne cipele. „Ovi nisu nikad u životu kaljali ruke čekićem ili lopatom", uobičavala je da kaže g-đica Puša dok je popravljala zube kod najboljeg zubara u varoši. Lujza mi istrže hartiju, podiže se i pocepa je na četiri dela, onda je razljućena isitni, bacivši komadiće u WC-šolju. Povuče vodu i protrlja ruke:

— Lako si se izvukao, Remi!

Gest moje sestre ohrabri starca:

— Nisam Jevrejin! Kunem se... Vi znate da ne pripadam nijednoj crkvi.

— Onda si komunista!

— Ne! Ne! — zbunio se gospodin Remus. — Kunem se da nisam bio član.

— Ne mogu više ostati u ovoj pišaći! — protestovala je Lujza izašavši na terasu hotela.

Sedosmo za sto. Gospodin Remus se vratio u restoran. Lujza uze jedan od mojih časopisa, zapali cigaru i poče lagano da prelistava, bez veće pažnje. Bio je topao dan. Čekao sam njen znak, da pronađemo bolje mesto na plaži, da se svuče u kupaći kostim, a ja da potražim, među turistima, ljubitelje klađenja za kupanje u pesku. Suncobran „Camel" stajao je zaboden na istom mestu.

— Slova su isečena iz tvojih časopisa!

— Otkud znaš?

— Zato što sam oštroumna!

Pažljivo sam razgledao tipove velikih slova iz mojih časopisa. Nisu ličila na one isečene i zalepljene na papiru koji je gospodin Remus dobio. Takođe, bio bi loš potez od strane autora da seku slova iz izdanja sa malim tiražom. Zaključak mi se činio posve logičnim. Nisam imao vremena da joj protivrečim. Gosn Remus se pojavi osvežen, verovatno se umio hlađanom vodicom. Stavio je na sto flašu bez etikete, bez zatvarača, sa tri čaše. Bio sam do WC-a da još jednom pustim vodu. On je natočio čaše i naterao nas je da se kucnemo. Po prvi put matorac je častio pićem.

— Slavimo dan kad si naučio da plivaš, Remi?

– Ako mi stignu još dve ovakve hartije, učiću bez nastavnika... Dobro vino – mljacnuo je. – Zar ne? Dobro! Ja nisam Židov!
– Tvoja sreća je da možeš da povraćaš – podsmevala mu se Lujza. – Ljudi će te voleti i sa jednim okom, iako si Židov.
– Ali nisam!
Brzo nam nali čaše, kao da je njegov gest trebalo da nas ubedi.
Bilo je to crveno vino, mirišljavo, verovatno iz restoranskih rezervi. Gospodin Remus je uobičajavao da nas časti kafom ili sokom, ali nikad nam ni kap ovakvog *napitka* nije sipao, napitak koji je obično serviran njegovim šefovima iz Bukurešta, kad bi naišli u inspekciju ili, pak, specijalnim turistima.

Lujza ga upita da li se upustio u politiku. Inače on se nije bavio politikom ni pre ni posle '89. To smo i mi znali. Nije imao nameru da se upiše u neku partiju, kad je ostario. Možda je opsovao nekog pijanog turistu što je izazvao skandal u hotelu, ne znajući da je ovaj bio čovek od uticaja u vladajućoj partiji? Nije se sećao, retko je psovao. Ili je možda izustio nekakvu prosemitsku frazu u nekom krugu:
– Ne! Ja nemam nikakav krug! I nisam Židov!
Srknuo je i poslednju kap vina iz čaše. Kao da mu je bilo žao što nas je počastio tako skupim vinom. Umesto da ga hrabrimo, da mu oteramo crne misli i stomačne bolove, mi smo mu popili vino mučeći ga glupim pitanjima.

Gospodin Remus nije govorio ni sa jednim susedom iz ulice, ali ne zato što je bio previše ponosan već zato što ga komšije uopšte nisu zanimale. Imao je običnu kuću, u skoro centralnom delu varoši, kuću koju odavno nije popravljao. Njen krov već je pojeden od rđe, fasada pocrnela od kiša, neofarbana ograda skrivala je baštu, posve zapuštenu. Nije me nikad pozvao kod sebe a nisam nikog ni sreo ko se mogao pohvaliti da mu je prešao prag.

Kosa mu se oznojila pod slamnim šeširom. Pohotno iskapih čašu. Lujza je pogledom tražila brod usidren na otvorenom moru. Verovala je, ako jednog dana otkrije sedam brodova da će imati sreće cele nedelje. Sa sedam i nešto je uspela da uskoči na fakultet kao pretposlednja na listi. Odjednom, krik se prolomi plažom. Već dugi niz

godina nisu postojali galebovi na našoj obali. Recepcionar-šef skoči sa stolice. Više turista digoše glave iz tanjira ka bosoj ženi, u kućnoj haljini, što je trčala, posrćući i dajući nejasne znakove. Lujza se nije ni pomerila. Suncobran „Camel" bio je na svom mestu.
– Deco! Deco! – jasno se čuo povik žene.
Nekoliko turista su trkom pratili gospođicu Pušu misleći da će se žena svakog momenta srušiti. Uzalud – uspela je da stigne do našeg stola.

Jednom rukom se osloni o stolicu gospodina Remusa, pokušavajući da prikrije zadihanost iznuđenim osmehom. Turisti se sjatiše oko nas, pitajući šta se deli, šta se događa, da li se negde jeftinije nude ćevapi ili pivo? Puša se uozbilji. Merkala je nadmoćnim pogledom gomilu nestrpljivih i bučnih ljudi, zatim pogleda Lujzu:

– U antičko doba, glasnici koju su vladarima donosili loše vesti bili su ubijani bez milosti. Nije to moj slučaj, jer su glasonoše dobrih vesti bili plaćani zlatom i dijamantima. I vojvode su isto činile. Ja nemam takve zahteve jer vi niste plave krvi. Uzmite samo u obzir da sam vam ja donela sreću. Marius je izdao zemlju i pobegao! Marius nas je napustio! Zove vas vaša mama da vam kaže šta se desilo.

Razabravši o čemu je reč, turisti se raziđoše. Drugi, što su ulovili tek po koju reč, obratiše se šefu recepcije, kad donosite pivo, šefe? Gospodin Remus prepade jednog turistu, a potom se zagleda u mene. Čini se da je matori pre mene ukapirao Pušinu poruku. Misleći da sam ja odgovoran za snabdevanje, ljudi me opkoliše istim pitanjem. Lujza skoči sa stolice i napusti društvo. Jedan turista je izvižda, bežiš od odgovornosti, gospođo! Gospodica Puša mi pomože da se podignem:

– Da ti ovde ne bude muka, osramotićeš se!

Napravi mi mesto u krugu, držeći me za ruku. Iza nas čuh gospodina Remusa kako poslednji put objašnjava turistima, sutra će doći kamion sa pivom, da se nalijete!

Gušio sam se. Ledena jeza mi je klizila uz kičmu, a pesak mi je pržio stopala. Plaža se prevrnula u isto vreme sa zgradom ka kojoj smo se uputili g-đica Puša i ja. Čvrsto me je držala za ruku. Kružili smo oko belih mrlja. Pod žutim cvetom golosisasta devojka čitala je knjigu. Podiže pogled i osmehnu mi se.

– Ako mi prodaš šešir, učiniću te milionerom!
– Kurva je – stiže odgovor sa druge strane. – Kurva je! Kurveštijo! Sunčaj se tako u majčinom kupatilu!

Seo sam u debelu hladovinu, pod jelkom, da udahnem jak i čist planinski vazduh, tako mi je preporučio doktor, da udišem samo čist vazduh... mama mi je tad obećala da ću ići u planine, ima malo ušteđevine, biće nam to para dovoljno za nedelju dana. Veraćemo se uz planine, ješćemo samo pečenje, pićemo punomasno mleko, biće sjajno, videćeš! Planine su najlepše reljefske forme. U našoj zemlji dostižu čak dve hiljade metara. Bravo! Koju ocenu imaš iz geografije? poče sa pitanjima g-đica Puša, škrbava i mlada, visoka i suva; zatim me uhvati pod ruku, gle, i druge lepote naše zemlje koje se pridružuju lepotama planina... Pogledaj kola što prolaze ulicom i bulevarima domovine, vidi vrtiće, školice, svetle gimnazije u kojima su se generacije mladih školovale da postanu pravi i pouzdani ljudi ove zemlje, vidi... brodogradilište gde ti otac radi, glavni majstor odmah pored radnika sa visokom kvalifikacijom, gde svi ulažu nadljudske napore da bi izradili brodove što će proneti slavu zemlje u svaki kutak ove planete... Evo hemijskog kombinata što izvozi proizvode ekstra-kvaliteta u više od stotinu zemalja na svim kontinentima, pogledaj četvrti sa modernim stanovima, sa visokim i prelepim zgradama izgrađenim iz državnih fondova, vidi komercijalne komplekse opremljene na najsavremeniji način u prizemljima zgrada u kojima žive trudbenici, pogledaj samo kako sunce sija iznad njihovih glava i nad plodnim njivama na kojima vi iz revolucionarnog romantizma izvršavate jesenje radove, učeći kult rada, osećaj angažmana... vidi kranove što najavljuju novogradnju... epoha u kojoj živimo... bole te noge? Pažljivo! Vidi ti ovu kosatu mladež, u pantalonama sa proširenim nogavicama što stoje u zagrljaju sa razočaranim i bestidnim devojčurama u suknjama koje prevazilaze pravila dobrog ukusa; oni predstavljaju, oponašaju i uvode formule divlje zajednice, nehumane, nasilne, u kojoj čovek podnosi tlačenje i poniženja, u kojoj se odnosi među osobama određuju borbom za preživljavanje, za profit i otimačinu – nijedna zajednica nije savršena – ono što sam ti pokazala od lepota domovine primiče se savršenosti, planteranoj pobedi i svetskoj sreći. Napiši sve ovo što si video u prvom sastavu iz rumunskog jezika, pazi da ti ne promakne da su svi ljudi u našoj istorijskoj zemlji jednaki, piši i dobićeš najveću ocenu, crvenu kravatu s bedžom vođe, tvoji roditelji će se ponositi tvojim uspesima... Ti si plod nesebičnog rada tvojih roditelja, očiti proizvod žrtvovanja koje naša zajednica svakodnevno trpi da bi ti učio, da bi dalje prenosio tradicije svog naroda...

Na stapeništu pred zgradom, nebo se nije više vrtelo. Gospođica Puša me je gledala pokušavajući da se osmehne.

– Tako ti je kad piješ! Zamalo da nastradaš, baš sad, kad je kucnuo odsudni čas. Onaj dedica hoće da ti pre njega crkneš, zato te naliva. O tome Lujza ne brine.

Puša mi uze šešir sa glave i stade da me hladi. Zaustavih je. Nije potrebno, povratio sam se. Komšinica naglo promeni ton.

– Jesi li video Kristinu? Gospode! Čak se i prekrsti. Da izvadi onako, sise, pred svetom... *krmača!*

Ponekad se Kristina na plaži izležavala bez gornjeg dela kupaćeg. U takvim situacijama oko njenog peškira stvarala se čistina. Dojke su joj sa distance sa velikim interesovanjem *studirane*. Posmatranje ne bi dugo trajalo. Kristina bi se povukla, ali ne zbog publike.

– Evo gospodine Hermeneanua! Kako ste, gosn Hermeneanu? Večito posao, samo crnčenje.

Tata se zaustavi pred nama. G-đica Puša spretno skoči i uze bostan koji se nalazio pod njegovom miškom. Oslobođen tovara, tata je mumlanjem pozdravi. Izgubio je negde dugme na radnom odelu i beo pupak, oznojen, izvirivao je preko kaiša. Dade mi znak da mu priskočim u pomoć. U krpenoj torbi doneo je velik paradajz – ni gram manje od pet kilograma!

– Imate zlatnu decu, gosn Hermeneanu! Kud god idem, kad je o vama reč, držim do svega što ste vi uradili za svoju decu – vaspitavali, odgajali...

– Alal da je onome ko je uspeo da postigne koliko sam ja dosad uradio – pridoda tata zadovoljno trljajući ruke.

Uđosmo u našu zgradu a g-đica Puša nas je verno pratila, držeći bostan na stomaku.

– Gosn Hermeneanu, imam za vas veliku vest! Pre pola sata, kad sam se spremala da operem kosu, telefon mi je zazvonio. Ko mislite da mi je rekao: „Ljubim ruke, gospođice Puša!" I ne pada vam na pamet!

Tata se nije zaustavio. Polako se uspinjao stepeništem, ostavljajući za sobom težak zadah znoja. Kad mu je mama prala košulje u vreloj vodi sa sodom, zvala me je da vidim paru koja se dizala iz lavora: „I Marius ima isti miris kao tvoj otac! Ti ličiš na mene!" Lujza nije ličila ni na koga.

– Iz prve sam mu prepoznala glas! Bio je to Marius – reče ona nakon krećeg kolebanja. Otrčala sam dole i pozvala gospođu Hermeneanu, jer je nju tražio na telefon. Tata kao da je nije slušao.

– Dođe gospođa na telefon, uze slušalicu, i znate kakva je, izgubi se brzo... Vidi se da najviše voli Mariusa. I kaza: „Mariuse, sinko, šta je sa tobom?" Imajte u vidu, zvao je prvi put otkad je pobegao od kuće.

Otkad je Marius ostavio tatu u bari krvi pored radijatora u trpezariji. Pljunuo je na persijski tepih a zatim utekao. Stigosmo na drugi sprat. Umorismo se, ali ne zbog torbe s paradajzom.

– Gospođa ovako reče: „Da, Mariuse, ovde je vreme predivno." Pauza. „Ne, ne boli me glava." Pauza. „Bolela me je prošle nedelje, jer sam previše prala u hotelu. „Jadnica, koliko se ta žrtvuje za kuću!"

– Da, radi, pa svi treba da radimo – nadoveza se tata. Ohrabrena odgovorom, gospođica *razveza:*

– „Zašto pitaš, Mariuse?", interesovala se gospođa. Mislim da telefonska veza nije bila baš najbolja. Sa ovim telefonima, znate već kakvi su,... a vi ste odbili da se priključite na mrežu. Kako je tada bio jeftin! Sedamdeset druge, je l' tako?

Tata je triput odbio da uvede telefon.

– I odjednom vidim gospođu kako pobele kao kreč. Zamolila je da joj prinesem stolicu. Čula sam je lepo kako uzdiše: „Sinko moj, Mariuse, baš tamo? Kako si uspeo?" Pauza. „Kako?" razdra se žena. Mislim da nešto nije dobro razumela zbog veze. „Imaš li čiste košulje?" Pauza. „I kad ideš?" Predah. „Danas?" Predah. Gospođa me je gledala prenraženo. Prekinula se veza. Možda dečko nije imao više para, ko zna koliko zarađuje, jer, ovih dana... Da li ste videli koliko je poskupilo svinjsko bez koske? Pocrkaćemo od gladi!

Tata se zaustavi pred vratima. Dugo je zvonio, onda preuze od mene torbu s paradajzom. Komšinica mi tutnu bostan u naručje:
– Treba da častite, gospodine Hermeneanu! Stariji sin vam je otišao u Ameriku. Već je odleteo.
Tata klimnu glavom, kao da je već znao. Žurio je da uđe u kuću. Vrata se nenadno otvoriše i mama nije mogla da obuzda radost.
– Da li si čuo, Ilije? Marius je otišao u Ameriku! – Spremna na zagrljaj, a tati joj samo gurnu torbu. Mama se prepade, uhvati se za ručku, iskliznu joj, sva sreća što je tata pazio. Stradao bi paradajz! Zatvorih vrata ne obraćajući pažnju na g-đicu Pušu i stavih lubenicu na kuhinjski sto. Mama se spusti u jednu trpezarijsku stolicu, gurnuvši ruke pod kućnu haljinu. Prebacivši nogu preko noge, Lujza je dimila tresući pepeo u tanjir. Sedoh pored sestre. Mama nas popreko pogleda:
– Marius je otišao u Ameriku.
– Otkad te slušam, samo to mi kazuješ. Da li si dobro čula šta je rekao? Amerika?
U kujni tata je bio okupiran paradajzom i spremanjem salate.
– I nije ti rekao zašto je otišao? Odakle je zvao? Čuješ li šta ti govorim?! Tebi govorim!
– Rekao je da je na aerodromu u Bukureštu i da ide u Ameriku... Ima čiste košulje, ko zna ko mu ih pere? Stiže u njihov glavni grad, kako se ono zove?...
– Vašington! – Lujza zgnječi pikavac u tanjiru.
– Tako znači. To je njihova prestonica? Ide li još dalje?... Dobro je što sad ima čiste košulje!
– Koji grad? Njujork?
– Ne, zaboravila sam... puca mi glava... Ne mogu više. Kud je otišao moj dečak? Gde je stigao?
Lujza nervozno uzdahnu. Dotle je mamu zasipala pitanjima, ali sve je već čula. Da li je stvarno bio Marius? Mama uvređeno odgovori, kako da mu ne prepoznam glas?! Iako je otišao pre nekoliko godina... Koliko? Možda se šalila. Zašto bi se šalila?! Osveta? U mislima smo u Americi, lutamo a on da zvoni baš ove večeri! Glupa šala. Nije njegov stil. Da li si sigurna da je baš on bio? Izluđuješ me, Lujza.

Uzeo sam globus sa šifonjera. Prašnjav i pocepan oko polova. Mama je želela po svaku cenu da se domogne Vašingtona. Nađosmo ga nekako zgomilanog među tolikim gradovima i mama se zaprepasti koliko gradova imaju Amerikanci... šteta što nisam zapamtila drugo mesto koje je Marius pomenuo! Zato je otkrila Bukurešt, noktom malog prsta pojedenog sodom pređe jednu rutu do Vašingtona. Pređe i preko Okeana! Ali, odakle mu tolike pare?! Snašao se! Kako? Šta radi? Ovih godina nismo previše pričali o Mariusu. Tek sad, kad se oglasio! Zašto li je ćutao tolike godine? Mi smo mu porodica, zakuka mama. G-đica Puša mi je više puta napominjala da je Mariusa videla u gradu. Šetao se sam samcijat, sporo, besciljno. Zar nije prošao pored vas, pitala bi, pritvorno naša komšika. Mada joj nismo verovali. Ipak bi nas izvestila kad bi bajagi Marius kročio peronom železničke stanice. Svi smo navikli na Mariusa kao na poslednju, neotklonjivu misao. Da bi bio mir u kući.

Tata uđe u trpezariju, zatraži papuče. Nije oprao noge niti se lišio radničkog odela. Video je Lujzu kako puši, potom mamu s globusom u rukama. Obično bi Lujza pušila u svojoj sobi.

– Da otvorim prozor, da se izluftira – naredi tata. – Ja idem da se operem.

I tata je pušio, ali samo na terasi, čak i po mrazu i vetru.

– Jesi li čuo? Marius je otišao u Sjedinjene Američke Države – ponosila se Lujza.

Tata sleže ramenima. Pokušao je da izađe iz sobe, ali ga Lujza nije puštala!

– Je si li čuo?

– Čuo sam – odvrati tata, ne gledajući nas.

Moja sestra nije očekivala takav odgovor, očito:

– Je si li čuo?

– Čuo je, Lujza! Čuo je – intervenisala je mama, ustajući. – Dosta! Postavljam sto i svi jedemo.

– I neće se nikad vratiti! – razdra se moja sestra. – U ovo sranje! – Diže se i zaključa se u svojoj sobi.

– Ovo je moja kuća! – tata odjednom kriknu i mama se skameni. Nakon tri minuta Lujza zalupi ulazna vrata. Svakako je odjurila da nađe svoju *kliku* rokera, švercera i mini-suknjica. Odškrinuh trpezarijski prozor. Amerika!

Šta li on baš tamo traži?! Marius je završio fakultet među najboljima u generaciji i bio je raspoređen u našu varoš, u Brodogradilište, ali taj posao nije zadovoljavao tatu. Mama je bila prezadovoljna. Kući je, ne kao njegovi drugovi po domovima, da loče ili čini druge gluposti, što je mnogo dobrih dečaka pokvarilo za vreme studija ili stažiranja. *Dobro – loše:* Marius jede kući, ne kvari stomak po radničkim menzama... Tata je želeo da Marius radi kao on, napolju, na brodovima, ne u biroima da lupa bonove preko indiga, zbira poene, piskara. Bilo je previše inženjera na gradilištu, a ključna mesta držali su najstariji. „Ovaj nikad neće postati rukovodilac", zaključio je tata. „Bolje da se oženi!" Nije stigao... G-đica Puša mi je sve ovo ispričala, slušajući, kao i obično, uvom prilepljenim za zid, pod... Ja nisam tog podneva ni bio kod kuće... „Marius mu je rekao da je svinja, tvoja majka je vrisnula, gospodin Hermeneanu je nešto tražio – čulo se lupanje – Marius ga nije puštao, tvoja majka se nesnosno drala uzalud, čulo se čak i do mene kad ga je dvaput zviznuo i mislim da ga je nogama po glavi šutnuo, dole, kraj radijatora. Ja sam kafenom kašičicom kucnula o cev, ne bi li ih uplašila i – uspela sam: posle toga sve se utišalo. Samo što se tvoj otac još malo drao, kao da ga je neko zaklao: „Da više nikad nisi ušao u moju kuću, mršavko! Uzmi ovu kurvu sa sobom i idi!" Htela sam da pozovem miliciju, ali mislila sam da će se loše završiti po vas."

Kad sam se vratio kući, Lujze nije bilo, mama je gorko plakala u kujni. Otada, tata nije nikad više bacao prljave gaće pored WC-šolje. Ta navika nas je ponižavala. Kako da mu Lujza kaže: „Tata, zaboravio si gaće pored šolje!" kad je znala da ih nije zaboravljao, namerno bi ih bacio – da nam pokaže da u kući on donosi pare i da može da radi šta hoće. Marius je bio taj kome je svega bilo preko glave i sve se završilo kako mi je ispričala naša komšika. Lujza je napokon bila zadovoljna: Marius ga je od-vik-nu-o! glasno je ponavljala, mama se nervirala pazeći da je tata ne primeti. Dve nedelje, tata je šetao sa razbijenom usnom i modrim okom, ne obraćajući nam se. Onda mi je dao neke pare da sebi kupim časopise, a Lujzi je dao dvesta leja. Sestra ga nije odbila. Gospodin Remus je bio tajanstven: „Važno je da se Mariusu izgubi trag. Stvarno, još niko nikad nije došao kod vas da vas ponešto priupita?" „Da", odgovorila mu je Lujza u svom stilu, „zvali su me u miliciju, ali sam im rekla da imam flašu među nogama i da ne mogu da mrdnem!" Posle nekih dva meseca, Čaušesku je pao i mi smo mislili da će se Marius vratiti kući nagovoren opštim entuzijazmom. Uzalud smo čekali. Bez pisma, bez telefona. O incidentu mama mi je samo toliko rekla: „Marius je pretukao tvoga oca!" I nije se više osvrtala na to sem što je nešto od toga bilo osetno u često ponavljanoj rečenici: „Ko li nam je prokleo kuću?" Nakon što smo pojeli čorbu, nakon ovog pitanja, mama nam je servirala pomfrit sa po jajetom pride.

– Čini mi se da je i ti, Ilije, trebalo da odeš u Tunis ili Maroko, pre nekoliko godina? Oni sa gradilišta su te predložili, ali ti nisi otišao. Moglo je biti vrlo lepo!

U paradajz-salati bilo je previše luka i sirćeta, da bismo je jeli sa više hleba, da se lakše zasitimo. Posle obroka, tata se povukao u trpezariju. Mama je oprala sudove a mene naterala da joj pročitam sve američke gradove upisane na globusu. Uplašena bî a vesela. Kako li je tamo? Ima nasilja, zar ne? Ako napadnu Mariusa neki uličari, kao što vidimo u njihovim filmovima?! Ispričao sam joj sve što sam čitao ili čuo u Americi čudeći se koliko sam znao o toj zemlji. Imaju li Amerikanci dobre pisce? Da, dobre. Ali, da li Marius zna engleski? Podsetio sam je da je u gimnaziji bio odlikaš. Znači, razumeće ga kad zatraži štogod za jelo?! Pričali smo tako sve do mraka, još uvek baveći se globusom. Hteo sam da se povučem u svoju sobu, ali mama nije odustajala. Zvono na vratima udalji je na čas od pitanja.

– Gospođo Hermeneanu, živeli i ljubim ruke!

Po prvi put narednik Grigore Postolake zvoni i pojavljuje se na našim vratima. Videvši ga setih se ukradenih „Makaza", ometanja javnog reda i mira, Kristine... Došao je da privede Lujzu. Skupio je dokaze i svedočenja očevidaca.

– Počeo je rat, gospođo! Poslala me je g-đica Puša da vas pozovem kod nje.

Stidljivost cajkana ošamutila je mamu. Okrenula se i otvorila vrata trpezarije: „Ilije, počeo je rat!", ali je tata već hrkao. Brzo smo se popeli za službenim licem, mama u papučama, ja – bosonog.

G-đica Puša je ukočena sedela na kauču, pred televizorom. Na ekranu u boji odvijale su se ratne scene, tenkovi u ofanzivi, eksplozije, vazdušni ataci... mama poče da plače i sruši se kao pokošena pored gospođice Puše. Milicajac mi pokaza stolicu a potom, zapalivši cigaretu, sede bliže televizoru, kao da je kratkovid. Ispruži ruku za pepeljarom:
– Ne zna se broj palih vojnika, niti broj žrtava iz redova civilnog stanovništva.
Mama najednom zaustavi suze. Nakon što je propisno obrisala nos kuhinjskom keceljom, pitala je ko se to sa kime tuče. Na to joj gospođica gotovo iznervirana odgovori:
– Amerikanci uspostavljaju red u svetu, gospođo! Tako su već navikli!
Snimci su pokazivali mesta ratnih dejstava: divlji predeo, pesak, vedro nebo, pustinja. Cajkan pojača ton i buka eksplozija preplavi Pušin stan. Mama me izbezumljeno pogleda – sve nas je grozno opterećivao rat.
– Ovo je direktan prenos – precizirao je narednik, zadovoljan svojim otkrićem.
Gospođica Puša klimnu glavom odobravajući, i ona je razumela da je u pitanju direktan prenos! Mama zagnjuri lice u kecelju. Kamere su fiksirale tenkove, topove koji neprestano pale, lansiranja raketa, pikirajuće avione... ali vojnika nije bilo ni za lek. Tvrdnja naše komšinice o Amerikancima ničim nije bila potkrepljena. Najedared, ekran se smrači, gospođica vičući skoči na noge lagane, narednik cimnu glavu nazad i – kapa mu pade, kao da ju je metak prostrelio!
– Atomska! – kriknu naša komšika. – Najzad su je bacili!
Uzbuđenje nas je prikovalo za stolice, iako me je misao nagonila da bežim, što brže mogu pa da se sakrijem u poplavljenom podrumu punom krvopija i akrepa. Ekran televizora pobele do usijanja i, umesto ratnih scena, pojavi se znak koji do tada nisam video, nije bio bugarski, ni turski, pisalo je TVSN plavim slovima na žutoj osnovi. Gospođica se povrati.
– Mislila sam da se pokvario televizor! – Otrča u kupatilo i nakon što je pustila vodu, vrati se kraj mame. – Nisam se ni obrisala!

Znak je još uvek bio na ekranu kad se iz trube razleže vojni marš. Narednik bi spremno ustao da se najzad na ekranu ne pojavi jedan čovek i, slučajno svi prasnusmo – urlik! Bio je to crnokos muškarac, brkajlija, u crnom odelu, govorio je francuski kao navijen. Razbrasmo da su to vesti. Uzbuđeno je čitao sa nekih papira, sedeći za stolom koji je neodoljivo podsećao na ovaj naš – kuhinjski. Iza njega, na žutoj osnovi, bila je nacrtana palma. Mama kao da me je pogledom pitala, a ja nisam znao šta da joj odgovorim – spikerov francuski nisam razumevao, prebrzo je govorio a ja sam završnih godina gimnazije morao na popravni iz francuskog. Još je otada proteklo dve godine! G-đica Puša je klimunla glavom, zabrinuta. Razumevala je ponešto ali zbog prevelikog uzbuđenja nije mogla da nam prevodi. Što je spiker više čitao sve više je grešio, zamuckivao – izvinjavajući se. Verovatno je prenosio rđave vesti. Iza kamere bile su mu donošene poruke na listićima hartije. Neke je hladno čitao, druge bi pročitao mestimičnio, više komentarišući no čitajući. Nakon što je iscrpio poruke, podigao se od stola i umesto njega izroni plava spikerka, koketna, u haljini boje trule višnje koja stade da čita druge listove na ruskom. Ovoga puta, mama je naglas tražila da prevodim, no ja sam samo nemoćno slegnuo ramenima. Mama je ukapirala, džabe sam maturirao! G-đica Puša odgovori umesto mene:
– Amerikanci se zezaju, gospođo! Sad ih ni Rusi ne mogu smiriti!
Spikerka za ruski govorila je brzo kao i njen prethodnik. Rekla je nešto i o Amerikancima, ali do kraja njenog monologa neprestano produžavanog porukama dodatim iz pozadine, nisam uspeo da razaznam sa kime su se Ameri tukli. Posle Ruskinje pojavila se mlada devojka u farmericama i u crvenom džemperu; ova poče da tutnji na nemačkom. Pitao sam g-đicu Puša šta priča Nemica ali je ona buljila u televizor kao da je u spikrerki prepoznala svoju gimnazijsku drugaricu iz klupe. Rukom mi dade do znanja da ne insistiram. Nemica je primila manje poruka iza kulisa. Njen je monolog ličio na rafal iz mitraljeza. Posle plavušine intervencije, sledio je spiker za engleski jezik i beše mi žao što Lujza nije tu. Dobro je znala jezik, možda bolje i od Mariusa. Engleski spiker nije primio nikakve poruke do onih što je imao pred sobom. Mama se dosađi-

vala. Narednik je oponašao gđicu ostavši do kraja ozbiljan i nepomičan. Posle Engleza dosada nas sve grozno potkači, jer je sledila ista igra doturenih poruka, ali sa španskim, japanskim ili kineskim spikerima; nisam ove ponajbolje razlikovao, Arapi, Mađari – posle Mađara smo mislili da će se pojaviti rumunski spiker, ali naiđoše Italijani, Česi, neki drugi arapski narod, ukupno, brojao je narednik, oko dvanaest *govnoglodača!* kako bi to rekla gospođica. Kad je zvršio poljski spiker, mama je baš bila rešila da ustane ali upravo tad se promeni osnova televizije TVSN, na ekranu su se projektovale direktne scene iz rata.

– Ovo su mornarički strelci – objasnio je narednik s neskrivenim ponosom u glasu. Jasno su se čule naredbe na engleskom, uzvici, zvižduci. Odjekivale su grozno eksplozije, čas dalje čas bliže, iskrcavanje se odvijalo disciplinovano, bez panike. Američki vojnici su izgledali isto kao u ratnim filmovima s Vijetnamcima: jaki, sa šlemovima u mrežama za kamuflažu, sa širokim uniformama, naoružani teškim automatima. Trčali su podeljeni – raspoređeni za napad. Plaža je bila osvojena, nije ih čekao nijedan neprijateljski ratnik. Prisetih se filma „Najduži dan" – naglo me obuze snažan osećaj sreće, ushićenja – evo, i ja sam svedok jednog događaja težine onog od pre pedesetak godina u Normandiji: Amerikanci su se opet iskrcali...

Ambijent emisije se menja – pustinjska zona – ulica nekog afričkog mesta, sa niskim zgradama, prizemljuše napadnute đubretom sa svih strana, kraj prevrnutih kola koja se puše... Slične gradove sam viđao u dokumentarcima „Televizijske enciklopedije", razume se, u mirnodopsko vreme. Sada su se ulicama vodile teške bitke. Slike su bile preuzete iz američkog tabora. Zabarikadirani iza džakova peska trojica američkih strelaca je montiralo grozomornu pucaljku u poziciju za dejstvo. Pored njih se vijorila mala američka zastava. Kamera je lenjo krenula udesno gde je otkrila dva sklupčana vojnika što su pucala kroz specijalno napravljene otvore na jednu narandžastu zgradu što je dosta ličila na našu opštinsku. Kamera se približila dvojici ratnika koji su ljutiti osuli paljbu. Ruka kamermana poče da se trese i mama vrisnu: zemljotres!

— Smiri se, gospođo, zar ne vidiš da su Amerikanci ušli u grad? — nervozno će Puša.

Pred kamerom se pojavi mlađani spiker, u izlizanim farmericama i beloj majici, besprekornoj, s natpisom KODAK na grudima. Posle nekoliko trenutaka, pošto se on bez ikakvih reči predstavio gledaocima, mladić, možda moj vršnjak, kratko ošišan, pocrneo, spusti se kraj strelaca. Postavio je mikrofon, podesivši ga prema ustima, ne obazirući se na štektanje mitraljeza, obrati nam se mrtav ozbiljan: „Dragi gledaoci, pobeda! (narednik pojača ton) Američke trupe su se iskrcale pre tri sata u Somaliji i već se tridest minuta nalaze u glavnom gradu ove afričke države. Šesnaest je sati, temperatura varira oko trideset i osam stepeni i vojne operacije teku normalno. Prenosim vam poslednje vesti ispred somalijske skupštine, zgrada iza mene, ona preko puta, okružena sa četiri puka američke mornarice, dve divizije tenkova i trupom pešaka iskušavaju se i suvozemne snage. Nemam ni jednu informaciju o stanju američkog predsednika; međutim, dobro obavešteni izvori nam potvrđuju da je okej. Moral naših vojnika je vrlo visok, kao što se vidi. Procenjuje se da će za najviše petnaest minuta zgrada somalijske skupštine popustiti pred opsadom naših snaga. Dotle, koristimo priliku da razgovaramo s jednim od junaka ovog vojnog pohoda od izuzetnog značaja. To je mister Marius Hermeneanu i, dragi gledaoci, da mu zaplješkamo, jer mu je potrebno vaše ohrabrenje!"

Reporter odloži mikrofon da i sam aplaudira. Okrenu se ka strelcu iz svoje blizine i lupnu ga po ramenu. Vojnik nije ni trepnuo, bio je zanet paljbom. Reporter je navaljivao, gotovo mu istrže pušku iz ruke. Tada se badža trže kao oparen, kao da je napadnut s leđa, ali, videvši tipa u KODAK majici, napusti borbenu poziciju i sede na dupe, pravo pred kameru. Skide džinovski šlem sa tintare i baci ga izvan dometa kamere. Marius je žvakao gumu. Vatra mašinki najednom, kao po komandi, utihnu. Reporter pogleda ka kamermanu, klimnu glavom, počinje. Pronašao je odbačeni mikrofon i svalio se na vreću peska, pored Mariusa.

*Reporter:* Mister Hermeneanu, kako se osećate na somalijskog zemlji?

*Marius:* Sve ide okej, sem činjenice da me steže desna cokula. (Upali šibicu o đon cokule, povuče dim iz cigare s filterom koju izvadi iz grudnog džepa uniforme.)

Američki ustav bio je napisan između maja i septembra 1787., u Filadelfiji. U slučaju prihvatanja ukidao je trinaest država koje su bile labavo ujedinjene još 1787. kao konfederacija. Ustav je trebalo da sve države okupi u federalni savez s jakom centralnom vladom. Oni koji su bili za Ustav nazvani su federalistima, a protivnici su bili antifederalisti. U vizijama antifederalista američke države su bile slobodne republike, gde su vrline građana mogle biti unapređene, a lokalna kultura zadržana; oni su, znači, dokazivali da bi jaka centralna vlada ugrozila ova svojstva. Pozicija federalista u pogledu Ustava bila je predstavljena u seriji od 85 emisija koje su pripremali Džejms Medison, Aleksandar Hamilton i Džon Džej za građane države Njujork. Ovi su eseji izabrani i objavljeni kao knjiga pod naslovom „Federalista". To je glavni komentar o američkom Ustavu. Autori su se potpisali pseudonimom Publius. Posle Plutarha, Publius je bio onaj koji je izbavio Rimsku Republiku. Možda sam čak devet puta pokušavao da pročitam ovu knjigu, ali nisam uspeo. Jednostavno, nisam uspeo! iako sam bio vođa odlikaša i u gimnaziji i na fakultetu, knjiga mi se činila preteška za jednog vola! Umesto toga, zadovoljio sam se kratkim uvodnim komentarom o „Federalisti" potpisanim sa A. M. i R. F. Hesing. Pročitao sam ga sa tolikim zadovoljstvom da sam ga gotovo naučio napamet. Vidi se, zar ne?

*Reporter:* Malo ste vremena u ovoj banana-zemlji. Koji su vaši utisci?

*Marius:* Evo drugog momenta: po prvi put sam imao prilike da analiziram učinak robovlasništva u odnosu na zajednicu. Na desnoj obali reke Ohajo svuda vidiš aktivnost i marljivost, rad je čast; ne postoje robovi. Pređeš na levu obalu i scena se odjednom menja; pomisliš da si na drugom kraju sveta. Izgubio se duh preduzimljivosti. Tamo rad nije samo muka i sramota: radeći – ponižavaš se! Da jašeš, da loviš, da pušiš na suncu kao Turčin – to je predodređenje belog čoveka!

*Reporter:* Da li verujete u našu pobedu?

*Marius* (bacivši pikavac): Ubeđen sam da se demokratija ne uspostavlja silom jer je, u stvari, naša intervencija samo reakcija na primitivni postupak Somalijaca. To je po prvi put da jedan američki predsednik biva otet, zatvoren i prinuđen da ostane u zemlji koja se koprca na putu ka demokratiji ne uspevajući da je se domogne. Naš je predsednik bio uzapćen da bi starosedeoce naučio da normalno žive. Razlog ovoga iznenađujućeg gesta od strane Somalijaca dovedenih, čini se, na prag očajanja, povredilo nam je gordost. Očekivali smo od Rusa takve bezobrazluke – ali, s druge strane, nas raznježi razlog što, kao što se vidi iz priloženog, naša vojna intervencija, ovih sati nije tako jaka, kao što bi želeo deo publike koji nas bodri.

*Reporter:* Šta sleduje nakon uspeha misije?

*Marius:* Veoma je teško da vam ponudim ubedljiv odgovor. Imamo, na svu sreću, federalnu vladu u koju imamo puno poverenja. Ona će da donese odgovarajuće odluke. Ali, ako bih ja bio izabran za senatora, moj odgovor bi glasio: mislim da je pitanje oslobađanja predsednika vojnim putem vrlo realno. Uz pomoć naših brojnih tv-kanala saznali smo da je predsednik pružio pomoć, spremao učenike, kolokvijume, časove usavršavanja, političku obuku po dvadeset četiri sata – non-stop i, zamislite, nije primio ni pišljivi dolar kao honorar! Drugo rešenje koje se meni lično ne sviđa, iako su ga moje kolege republikanci dugo pretresali, bilo bi definitivno napuštanje šefa američke misije ovde u Somaliji, jer kod nas, ceo svet to zna, nije tragedija da se izgubi jedan predsednik. Problem izbora drugog predsednika je pitanje vremena. Novac skraćuje vreme. Dogovoreno napuštanje krši principe američke demokratije, podsetio sam kolege republikance. Još više, postupajući tako, već posle desetak godina, Somalijci, lukavi kao što ih znamo, eksportovali bi predsednika, sa istom namerom, Kongoancima ili Zaircima. Drugo rešenje bi bilo, kad bi videli kakav senator u meni čuči, preseljenje uprave Bele Kuće u Belu Kuću glavnog grada Somalije, drugim rečima, rasturanje Bele Kuće u Vašingtonu DiSi i njeno sastavljanje, ciglu po ciglu, u Somaliji. Samo što bi, istovremeno s ovom operacijom, bilo neophodno da pomerimo ulice, telefone, parkove, zgrade iz okoline, automobile, nebodere, bla-bla-bla, što znači, finansijski napor gde bi Japanci i Evropska zajednica izvukli korist. Ne bi nam to donelo nikakav profit, iako bi mnogo značilo za političku reputaciju. Rusi, setite se, ranije su tako postupali izvozeći milom revoluciju. Naš predsednik će biti oslobođen za nekoliko minuta, nemojte se zbog toga uzbuđivati! Onda ćemo se ovde zadržati nekoliko dobrih godina da bismo primitivcima, drugačije ih ne mogu zvati, podigli termička kupatila, vodovode, mostove, javne trgove, biblioteke; organizovaćemo im prave pozorišne predstave i nakon svih tih godina, za kaznu, nećemo se povući bilo koliko plemena bušmanskih napalo Somalijce. Okej?

*Reporter:* Nakon nekoliko ratnih sati, koja sećanja nosite od kuće?

*Marius:* Ništa ne nosim, zato što sam ovde srećan. A srećan čovek ne drži mnogo do sećanja. Međutim, kako sve ovo ide uživo, koristim priliku, da preporučim mom ocu korišćenje toalet-papira posle velike nužde. Upotreba papira je istorijski problem i problem mentaliteta. Nije momenat da se sad bavim istorijom, mogu jedino otkriti da moj ćale nije bio naviknut da briše guzicu. Mogli biste reći: svako od nas ima neku svoju malu neobičnost. Tačno. Ali to nije neobičnost. Moj otac, ponavljam, nije bio naviknut na brisoguz. Ko da ga navikne? Zajednica! Ko drugi?! Prljave gaće mama je bila prinuđena da pere, da bi zadržala mir u porodici. Eto ucene od strane zajednice! A ko je trpeo ovu ucenu? Mi, deca! Ako pođemo naviše, hijerarhijskom vertikalom, spazićemo istu pojavu. Muškarčina koja ne briše guzicu ne zaslužuje ni porodicu! Ne može postati dobar otac! Ja, lično, ne brišem dupe toalet-papirom ali ga perem sapunom, da ne bih zaradio ono što ne treba – šuljeve...

*Reporter* (okrećući se kameri): Stvarno, dragi gledaoci, kroz nekoliko minuta, naš će predsednik, zatvoren u zgradi somalijske skupštine, biti oslobođen. Znači, samo za koji minut sve ovo iza mene će odleteti u vazduh a mi ćemo iznova moći da vidimo starog predsednika kako sedi u njegovoj kamenoj fotelji, sa desnom nogom malo isturenijom od leve, s rukama na naslonu fotelje; sa stisnutom levom pesnicom i ispruženim desnim dlanom, blagog pogleda konja koji pase, očaraće nas među ruševinama somalijske skupštine, i, nakon što će predsednik biti izvađen iz kala, biće prebačen specijalnim avionom u Vašington DiSi i položen u nacionalni park. Gde mu je i mesto, da mu se buduće generacije dive. Po proceni naših stručnjaka naš predsednik košta 88.400 dolara. Srećan put, gospodine predsedniče, i laka ti eksplozija! Ovim privodim kraju našu emisiju iz somalijske stvarnosti. Zahvaljujemo na pažnji, doviđenja, dragi gledaoci!

## 4

– Hej, zar me ne čuješ? Probudi se! Hajde, ustaj već jednom!
Tata je stajao nad mojom glavom. Nosio je štofani kačket i bio je u radničkom kombinezonu. Međutim, još ne beše pidžamu zamenio pantalonama.
– Teško se budiš! Idemo na farmu!
U kuhinji, mama je komadala paradajz u jednu činiju i pržila četiri jajeta. Pitala je tatu treba li nešto da nam spakuje ali je tata rekao da ne treba paket jer se danas brzo vraćamo kući.
– Prođe paradajz. Odsad ćemo ga kupovati na pijaci.
Jeo sam bez apetita. Mama me je nudila hlebom i maslacem. Odbih.
– Sutra-prekostura treba oprati tvoj radnički kombinezon i pantalone. Ne možeš ih nositi celo leto. Ilije!
Tata potvrdno klimnu glavom.
– Ona devojka je spavala kod kuće? – zanimao se tata.
– Spavala, spavala. Naravno, kad se vratila tako kasno noćas. Da počne fakultet, da se mane skitnje, da odahnem. Koji je danas?
Protekle su tri nedelje otkad su Lolek i Bolek naglo otperjali ostavivši gospodinu Remusu tri banknote od po dolar. Tata izađe na balkon, zapali. Sunce još ne beše čestito ni izgrejalo. Mama poče da vitla metlom po kuhinji. Povukoh se ka prozoru.
– Biće gadno ako danas ne donesete paradajza. Makar sa tuđe farme, da se malo pomognemo. Treba nam i nešto krompira i krastavaca, tek što nije zima a mi ćemo ostati sa praznom ostavom. I zimnica treba da se stavlja. I turšija, i kupus... Ali otkud toliko para, kog đavola da dostigne od njegove penzije, a vi to ne želite da razumete! Bilo bi dobro da nas pomognete i da od nas ne očeku-

jete previše. Kako se osećaš? Načuh da ti je juče bilo loše. Govorio sam sa njim, možda ćemo uzeti pozajmicu da te pošaljemo u neko odmaralište. Pitaćemo gde; vidimo da doktori... to košta para! Imam i ja nešto para ostavljenih na stranu, da imaš tamo da troškariš. Kako bi bilo dobro da ne pališ? Gledaj da ne pušiš pred njim! Postupiš kako ti se kaže i nakon svega dođe ona i zaključi da si slab i mlitav. Veruj da i mene boli kad me prekorevaš kako sam te ja razbolela... Ah! Ako bi bilo para, mnogo para, moglo bi se učiniti nešto od ove kuće...

– Da li je tata saznao za Mariusa?

Mama je pokupila mrvice u đubrovnik. Prošle večeri, nakon intervjua s Mariusom, g-đica Puša je isključila televizor i otvorila nam vrata bez reči. Razumeo sam da je naša komšika patila od ljubomore i da je teško preživela intervju. Pre spavanja mama mi se obrati:

– Ono nije bio Marius! Nije to bio moj sin!

Brzo padoh u san.

Narednik se beše podigao sa stolice nakon drugog odgovora mog brata, izvinio se da ga čekaju brojne obaveze, dežuran je na raskrsnici, pre no što je zalupio vratima čuli smo ga kako priča da je instalater koji je juče bio kod nas da otkrije naprslu cev udaren dizalicom u glavu, dok je pravilno prelazio ulicu, i – na mestu se srušio mrtav, a njegov kolega sa posla, penzioner što je već sreo slučaj gotovo istovetan sa našim, crkao je i on, ali dva meseca kasnije; infarkt, infarkt.

– Da li je tata saznao za Mariusa?

– Zna, svi znamo da je stigao. U Ameriku! Šta da mu činimo? Dosta mi je već njegovih prekora, ceo život samo je to znao. I vi ste od njega naučili da mi prebacujete. Marius treba da se stidi što tako dugo nije svratio kući. Ima majku, oca, ružno se poneo. Šta će tek Puša reći?! Da smo rasturena porodica. Jedan je pobegao iz zemlje, drugi je bolestan i nije ni za šta, ćerka baza kao prava skitnica – sa svakim! Ti misliš da je ne znam da je i sa Remusom?

– S kime? Sa Remusom?! Odakle ti sad pa to?

– Odakle... mama briznu u plač i sede za sto. – Bog me je kaznio? Moja ćerka sa... Htela sam sa njom da porazgovaram. Da li sam mogla? Odmah je ustala od stola, okrenula leđa, zalupivši vrata za sobom. Da li ja mogu da

pogledam Remusu u oči? Da li mogu da ga odbijem kad me pozove za čišćenje hotela? Mogu li mu reći da je ostavi na miru? Ako sazna tvoj ćale, biće belaja!
— Ali otkud znaš da je Lujza...
— Ljudi pričaju i ne pričaju uvek gluposti! — razdra se mama. — Nemoj da se keziš! Život je takav! Šta se to tvoga oca tiče? Čestito je radio na gradilištu, niko mu nikad ništa nije prebacio, bio je, i sad je, uvažavan i cenjen; gospodin Hermeneanu ima dobru decu! Ali njihova ih majka kvari! I tako čujem da je moja ćerka sa čičicom. Šta više da kažem?

Tresnuše vrata terase. Mama se zaustavi, uzeh slamnati šešir i časopise. Tata mi je dopustio da časopise držim u kući. Mama mi ih istrže i odnese ih u trpezariju, odloživši ih na sto. Zabrinuta se vrati u hodnik.
— Da li ste videli? Uvećala se mrlja na tavanici!

Tata je zgužvao plastičnu kesu gurnuvši je u krpenu torbu sa drvenim drškama.
— Evo, odoh! — reče ćale, kako je već uobičajavao da kaže, umesto „doviđenja!"
— Čuvajte se! Brzo se vratite... Gle, zaboravila sam da ti ušijem dugme na radnom odelu. Kad se vratiš — prišiću ga!
— Kad tako naćuljenih ušiju slušaš gluposti razumljivo je da si zaboravila na dugme! — dobaci tata opasujući se u hodniku.

Nismo se zaustavili na autobuskoj stanici, krenuli smo ulicom što je vodila u centar. Sunce se beše pojavilo nad morem. Znao sam da se farma nalazila negde u blizini, nedaleko od manastira gospođice Puše, ali nisam znao kako se tamo stiže. Dva čoveka su veselo pozdravila ćaleta: „Živ bio, čika Ilije!" On im je uzvratio ne zaustavljajući se.

Na raskršću, u centru varoši, jedan je tramvaj iskočio iz šina. Zakrčio je saobraćaj, narod dokon se sjatio, uzvici, psovke vozača tramvaja; ljudi kasne na posao... Među „zevačima" spazih Lujzu. Do nje jedan visok grmalj, dobro građen, kratko ošišan, u dugoj crnoj kožnoj jakni, farmerice utegnute u kukovima, crne čizme do kolena... Roker. Tata se probijao kroz masu. Videvši nas Lujza nas sustiže.
— Kuda ćete?

Ćale se zaustavi ali ne podiže pogled.
— Umro je predsednik Amerike. Da li ste čuli? — tužno nas upita. — Javili su preko radija, na vestima... Kuda ćete?

Tata produži, a ja joj dadoh znak rukom, besmisleni znak. U pozadini, oslonjen na stub semafora, roker je čekao s cigarom u zubima. Razminusmo fabriku konzervi i uđosmo u predgrađe severnog dela varoši. Tu se nisam najbolje snalazio. Iz ove četvrti netaknute urbanističkim planom susedne — Brodogradilište — poticali su glavni varoški prestupnici. Zimi, ulice su puste, kuće zaleđene, psi u čoporima ugrožavaju slučajne prolaznike. S jeseni mala je puna đubreta. Ovde se dešavaju najgrozniji zločini, silovanja... Lujzina bratija nije svraćala u ovu četvrt. Ništa nije privlačilo *stručnjake* iz grupe moje sestre: ni ruševine, ni užderice, ni zemunice stare kao Biblija, ni škola koju su napustili uplašeni profesori, ni pusta đubrišta, ni siromaštvo, ni brutalnost; ni đubre!

Obresmo se u nešto široj prašnjavoj ulici. Psi se nisu probudili. Na kraju ulice ćale se zaustavi. Skloni se u hlad pod jednu topolu i pripali. Mala raskrsnica bila je pusta. Obližnje kuće činile su mi se nešto belje, čistije.

— Vidiš li onu kuću? — pokaza mi kućerak, sa prozorima ka ulici, sveže okrečen. — Tamo sam živeo sa tvojom starom četiri godine, u sobi tri sa dva.

Znao sam. Mama mi je ispričala, ali mi kuću nikad nije pokazala. Stanovali smo kao podstanari kod jedne Grkinje — udovice. Bilo im je teško. Nakon prve godine braka mama je bila spremna da traži razvod. Ćale ju je mlatio i pred Grkinjom. Zatim je pobacila.

Tata udari levo, okrenuvši leđa sećanju. Približavali smo se Brodogradilištu.

— Tek kad smo se preselili u varoš kupili smo ležaj. Dotle smo spavali na podu, na dušeku kupljenom na buvljaku. Sećam se da sam za njega dao deset leja. Slušaš li me? — insistirao je ćale. — Ranije je deset leja bilo bogatstvo. Mater ti je spremala na ploči. Imali smo i dve viljuške, pa dve kašike i jedan nož, pa dva tanjira. Moji mi ništa nisu dali. Šta da mi daju kad ništa nisu imali?! Dali su i pare za voz, da napustim selo. Evo, baš ovde je bio bioskop! A sada? Šta je, dođavola, ovo?!

Tri meseca nakon svadbe mama je zaradila prvi šamar. Bilo je dovoljno da započne *serija*. Čim bi pisnula pljas – šamar! Tako, bez razloga? Da. Dobro, zašto je tukao? I zbog sitnice. Da li mu nisi dobro kuvala? Da li ga nisi prala redovno? Kolege sa posla uvek su hvalile njegov obrok donet od kuće. Nije išao na gradilište u prljavim i neispeglanim pantalonama, iako se kući vraćao blatnjav i uflekan uljem. Radna odela trljala je ručno, ispomažući se sodom i vodom ugrejanom na ploči. Prala je u najvećoj tišini, jer je Ilije morao da spava. Radio je i prekovremeno.

– Nedeljom sam ti vodio mater na film! Davao sam dva leja za karte, a nakon filma smo išli kod „Pingvina" (kafana s terasom, u istoj ulici), popili bismo dva ruma i jeli ćevape velike kao krompiri. Ta zabava bi nas koštala osam leja...

Na mestu bioskopa uzdizale su se dve limene barake, opasane žicom, vezanom u visini kolena o tri pobodena gvozdena koca. Barake su bile *ukrašene* rešetkama na prozorima. Nije dopirala buka iznutra. Iz jedne je izlazilo jedno koleno cevi koje je bacalo tanak, siv dim. Sunce je pripeklo. Nisam mogao da pojmim kako je tata prepoznao mesto bivšeg bioskopa, rušenog iz temelja. Kad bi je vodio u „Pingvin" sretao bi kolege, mlade, neoženjene ili još sveže u braku, sastavljali bi po dva-tri stola, naručivali pivo i počinjali da pričaju o brodovima, plantažama, novcu i varenju; i tako dok se ne smrači. Ajde kući! Usput bi ćutao. Kad je bio dobre volje rekao bi joj da je onaj što je sedeo u čelo stola Vasile Florin, varilac bez premca na gradilištu, drugi, sa njegove desne strane, bez najdužeg prsta na levoj ruci bio je Radu, majstor prve klase, razume se i u popravke švajcarskih satova... Drugog dana sve iz početka. Porcija, oprane gaće, čarape, majice bez rukava, metlanje, kuvanje, izračunat svaki lej potrošen na pijaci. Da bi stigla do filma morala bi da mu se ulizuje... Jednom, za vreme filma, primetila je da je on pažljivo posmatra i ona se zajapurila: evo, ni za vreme filma ne skida oči s mene! Bila je srećna, ipak ju je voleo, iako ju je tukao, i sad je gleda, supruga mu je, pere, pegla, kuva za njega, vodi ljubav sa njim kad mu se prohte... Tako zbunjena provela je pola filma ali nije mogla da više izdrži... okrenula se ka njemu. Ilije je spavao. Na drugim filmovima znao je i da zahrče.

Preko puta, pozadi nas, iza ograde, sledila nas je jedna žena zabrađana maramom, u cvetnoj haljini. Imala je gotovo zemljano lice, a kroz rupe na ogradi videle su joj se prljave noge, bose. Tata poskoči kad je spazi. Mi joj dobacismo jedno učtivo „bar dan". Žena ne uzvrati. Odmakosmo malo kad posle nekoliko koraka, kao grom iz vedra neba dopre do nas njen glas.

– Ćoravci! Hu! Ćoravci! Lopovi! Huu!

Tata se svali na jedan kamen i baci se u pravcu žene. Nije je pogodio, ali je zato ružno opsovao, kroz zube. Oznojen, s radničkom bluzom ispalom iz pantalona. Sledio sam ga, pokrivajući mu povlačenje. Prođe mi kroz glavu da idem malo brže. Kraj nas promače jedan trabant i zasu nas prašinom. Napustio sam ulicu, udarivši prečicom kroz jedan majdan, gde su rđale dve autobuske karoserije među nanosima đubreta. Na horizontu se ukazaše obrisi Brodogradilišta. Tata je posmatrao ushićen poput artiljeraca koji je našao liniju razdvajanja. Sandale su me štuljale, između prstiju naslage prašine.

– Ovde sam ja rintao – reče tata, obavezujući me da pogledam u pravcu gradilišta. A kad smo se preselili u blok, on je plakao iza Grkinjine kuće. Ubacili smo stvari u tri torbe. Uzeh i dušek i zavukoh ga negde ispod, u dnevnoj sobi. Zatim sam uzeo pozajmicu od Osiguranja. Što da ne, bio sam zaposlen, imao sam pravo. Ali sam baš zbog pozajmice morao da radim po svaku cenu. Crnčio sam da bih zaradio i pokrio „provaliju". Marius je utekao od teškoća, tamo gde je život lak. Nisam ga ja poslao!

Tata i ne pogleda dušek, za razliku od mame koja mi nikad to nije ni pomenula, niti pak prebacila. Možda je dušek bio predviđen za Mariusa. Pokušavao sam da zamislim, gazeći po majdanskoj prašini, kako spavam kao zaklan na dušeku. Imao sam dva bela jastuka, specijalan jorgan, debeli čaršav zacrnjen na jednom kraju jer tata nije imao običaj da češće pere noge. Nastojao sam da zamislim kako miluje mamu, zato što ga nikad nisam video da je učinio i najmanji gest nežnosti. I biće da je Lujza imala pravo: da je imao ljubavnicu svakako bi pokazao makar jednu i najneznatniju nežnost u porodici! Ali tata je imao samo mamu – iz komotnosti ili iz vere. „Ljubavnica košta đavo i po!", tvrdio je gospodin Remus. „Da je bar to imao, kad već živimo ovako – u bedi!", zavapi Lujza. Sunce se podiže iznad kranova i kašikara. Nastojao sam da zamislim kako je mama mogla biti milovana debelim crnim rukama koje su je, u pojedinim trenucima, pogađale u glavu, grudi i stomak. Kakvo može da bude milovanje tim instrumentima torture? Voleo ju je? Zamišljao sam kako se stidljivo susreću njihove usne, zatim kako se prsno ukliješćuju, maminu raščupanu kosu na njegovim golemim dlanovima, bez nervoze, kolena njegova kako podrhtavaju pod teretom, usta mog oca kako gutaju jednu sisu, kao što sam već video u jednom stranom filmu, i drugu sisu; mama je stenjala od bola i zadovoljstva. Uspevao sam u sobnoj tami da raznam njihova zgrčena tela u uglu. Dve duše su se mučile da budu srećne, čineći sve ono što milione parova čini srećnim. Možda je tata bio grub, žureći da svrši, ne berući brigu za mamin orgazam. Drugog dana, probudio sam se pre no što se sunce ispililo. Ipak, šta bi bilo da se na gradilištu pročuje da je spavao umesto da... Žena treba da je zadovoljna! Da pretrpi njegov znoj, bale, smrad iz ustiju, još malo, umoran je, sledećeg jutra zvrcne, sat. U sobi komšika, Grkinja, mrda ušima i smeje se, likuje što će mami opet raditi kiretažu. Zvoni sat, mama već u spavaćici, puni porciju pasuljem. Tata se brije. Iz bede sam ili iz ljubavi rođen?

Pošto sam prokrstario majdan, obreo sam se u kamenitoj ulici, sa prizemljušama, zgomilanim ali čistim. Gde-gde behu posađeni mladi kestenovi. Svet koji sam sretao, mahom starkelje s korpama, bio je u čistijoj odeći od onih što se *gnezde* u blokovima i kvartovima bližim centru. Ovde je živela prva generacija graditelja što nam prve brodove sagradiše, ispunjavajući prvi petogodišnji plan. Ljudi su se kretali lagano kao usporen film, gotovo šapćući. Tata skoknu do jedne trafike (obojena drugačije od kućice g-đice Puše), te uze kutiju cigara bez filtera.

– Hoćeš li i ti jednu?

Ne. Prodavac, grbavi starkelja, smejao se iza njegovih leđa. Poznavao je tatu. Pred duvandžinicom ćale pripali. Povuče duboko prvi dim, zadovoljan. Čime? Prešao je ulicu. Pratio sam ga. Prominusmo nekoliko kuća pa uđosmo u jednu krčmu, sa plavom reklamom na ulazu. „Sirena". Beše to jedna mračna prostorija kao dve naše trpeza-

47

rije, s podom od crnih dasaka, oribanih „Petrosinom" sa barom i šest stolova; dva stola već behu *okupirale* mušterije. Smrdelo je na prokislo pivo. Muškarac iza šanka, mladić bez mantila, pažljivo je posmatrao oca koji se još nije odlučio za sto. Tamo, u mračnom uglu, pored peći od terakote, ćale je seo licem okrenut prema ulazu. Stoljnjaci su bili beli, uštirkani. Na zidovima se osećala boja od prethodnog krečenja, s detaljima: cvetni motivi po vertikali. Na svakom stolu počivala je po jedna pepeljara. Ćale obrisa donju ivicu kačketa krpenom torbom, a potom je metnu na svoje mesto: njegovo teme beše ipak pod bujnom kosom – da mu pozavide i mlađi! Pred barom se pojavi punačka žena, u zelenom mantilu, kao mama radnim danom u hotelu. Pozdravi nas i ćale smesta naruči dva piva. Žena ga odmeri dugim pogledom i vrati se za šank.

– Uzmi, bre, i puši! Nemoj da trpiš ko glupak! – Pruži mi preko stola paklicu cigara.

Pripalih s njegovog žara, da ne trošimo zalud šibice. Kelnerica stiže sa dve krigle i tata izbroja. Ostavi joj i bakšiš, deset leja koji ženu zadovoljiše. Na dušak sam iscevčio pola krigle. Razblaženo beše ali ledeno. Za obližnjim stolom jedan muškarac s naočarima, prosed, odavao je utisak upravo penzionisanog profesora, grdio je, šapatom, jednu ženu koju je vreme već pregazilo dok ga ova nije slušala. Rastužena, pušila je. Za drugim stolom, starkelja u odelu sa duplim zakopčavanjem, naslonjen na štap, srkutao je pivo, zamarajući oči novinama.

– Imaš li ti devojku, a? – naglo me je upitao ćale.

– Ne! Ali ću je imati!

– Imaćeš! – prihvati ćale.

Iza mene se začu „zdravo", upućeno mladiću za šankom, a zatim „ljubim ruke" dobačeno kelnerici ili ženi koja je nazainteresovano slušala svog prosedog profesora... Koraci pridošlice su se približavali našem stolu. Ćale kao da na to nije obraćao pažnju.

– Zdravo, čika Ilije! – zustavi se pred našim stolom visok čovek, četrdesetih godina, koji nam pruži ruku.

Ćale mu uzvrati ne dižući se. Činilo se da je nepoznati uzbuđen ovim susretom. Smešio se s izvesnom dozom sažaljenja. Samilost nadmoćnijeg čoveka! Imao je debele usne – kao senator! Vasile Vakaru, dobro izbrijan, kratko ošišan, bela košulja s dugim rukavima, braon pantalone

utegnute debelim kaišem. Naručio je Rozaliji – ženi u zelenom odelu – tri pivca i smestio se za stolom sa istim snishodljivim osmehom.
– Kako si, čika Ilije? Otkad te nisam video! Kako si, bre?
– Loše – priznao je ćaća, užurbano prazneći kriglu.
Čovek uzdahnu, htede nešto da zausti, ali ga preduhitri Rozalija sa pivom. Povuče se odmah i ostavi nas na miru. Stranac se kucnu s tatom, a onda krenu prema meni, da se kucnemo, ali se zaustavi:
– Mlađi sin?
– Moj sin – odgovori ćale.
– Živeli! – bez razloga mi se osmehnu.
Pivo je bilo straobalno – dobro i hladno. Tip pripali američku cigretu. Držao je paklicu u džepu od košulje.
– Kad mi je Kamila telefonom javila da si kupio cigarete s etiketom nisam mogao da poverujem. Otkud si znao? Kako... krišom je šarnuo po meni pogledom i zastao da povuče dim-dva.
– To je moj sin – reče tata.
– Otkud si znao da ću biti pozvan?
– Znam i ja ponešto, šta, samo vi sve znate?!
– Ne kažem da si loše učinio, ali ova stvar me zabrinjava. To znači da naša etiketa nije tajna. Otkud je znaš?
– Vidim da sam ti smetao, Dugane – podiže tata ton.
Čovek je pokušao da se stiša, položivši svoj beli dlan na tatino rame.
– Čika Ilije! Srećni smo što ste nas tražili, pa pobogu, naš ste, ali u današnjim socijalno-političkim prilikama treba da preduzmemo sve mere opreznosti.
– Šta je, pomešali ste se s teroristima, a?
Dugan se kiselo osmehnu i otpi.
– Čika Ilije, odavno sam hteo da te potražim, da popričamo malo. Iskreno sam obradovan što si došao. Reći ću drugovima...
Dugan me preseče pogledom, previše sam pažljivo slušao.
– To je moj sin – ponovi ćale, kao da se brani.
Dugan se osvrnu:
– Prošle noći, Amerikanac zamalo da odapne. Onesvestio se na jednoj večeri. Čudno kako se spasio. Ali ja lično mu ne dajem više od mesec dana života.

49

– Možda je previše pojeo, ja ne bih toliko brinuo – na to će ćale.
– Preko radija su saopštili da je umro. I juče, na televiziji, video sam prizore iz Somalije!
– Gluposti – zaustavi me Dugan. – Samo glupe filmove daju preko kablovske. Truju nas kapitalisti njihovim kablom. Niko ne zna ko stoji iza ovog TV programa! Mi pretpostavljamo – neko iz varoši. Sa gomilom para! Ali, da se vratim Amerikancu. Ako umre, politika će se promeniti a mi treba da budemo spremni da nas istorija ne pretekne. Rusi, Nemci, Japanci, jedva čekaju promenu na međunarodnom planu. Biće druga orijentacija. U ovom duhu, imajući u vidu ranije odluke, prihvaćene na Plenumu, od pre nedelju dana, u Bukureštu, bio je i jedan naš čovek tamo. Bio je izabran isti Izvršni odbor, da bi se zadržalo jedinstvo partije. Uskoro će krenuti radnički pokreti u svim gradovima zemlje, kurs leja biće oboren, istorijske partije biće blokirane, a mi treba da budemo spremni da stanemo na čelo naroda i da ga vodimo ka pobedi. Ali su nam potrebni provereni ljudi, čika Ilije! Da znaš da se sastajemo dvaput nedeljno. Bili bismo srećni kad biste se ponovo prihvatili vašeg revolucionarnog aktiviteta.
– Pišam ti se na vaš revolucionarni aktivitet!
Dugan se skamenio s cigaretom na usnama. Dim mu je ždrao oči ali on i ne trepnu. Ćale obrisa čelo krpenom torbom. Pažljivo je spusti na sto, do krigle s pivom.
– Čika Ilije, znam da si ti, s pravom, ljut na nas, mada mislim da to nije u redu... Marksizam jasno govori o nerazdvojnim protivurečnostima između generacija, ali ove, u našem slučaju, mogu se rešiti na miroljubiv način, analizom svih aspekata sukoba. Mi ne tvrdimo da si ti definitivno izgubio svoju partiju, mi ne insistiramo bespogovorno da se ti po svaku cenu moraš približiti sadanjoj stvarnosti.
– I koja je tvoja, bre, Dugane?!
– Evo, čika Ilije! Za nas, mrtvo kuče je mrtvo kuče i ništa više!
Započeli smo klasnu borbu bez istorijskih kompleksa, bez Rusa, bez Jevreja, bez tenkova. Klasna borba neće nestati još vekovima. Kako je vodiš, tako ćeš i postići re-

zultate! Vi ste je vodili nezadovoljavajuće. To je istina. Sadašnjost je mnogo drugačija od onog vašeg vremena. Dugan prigrli kriglu sada već zadovoljan i sruči preostalo pivo. Pocrveneo je. Rozalija iskrsnu poput duha i promeni pepeljaru. Dugan naruči još jednu turu. Napetu tišinu, u iščekivanju piva, prekide ćale.
— Da, da... Znači ova sadašnjost... Ja... ja ništa ovo ne razumem.
— Čika Ilije, za dve nedelje naše gradilište stupa u štrajk. Biće opšti štrajk u celoj zemlji, dok vlada ne padne. Imamo razrađen plan. Već je bio razmatran i prihvaćen na dnevnom redu plenarnog skupa. Treba da se skine sa čela vlade onaj Jevrejin. Za našu organizaciju već su podeljena konkretna zaduženja. Svi su detalji tu. Najkasnije za dve nedelje stiže znak iz Bukurešta. Reč je o međunarodnom pokretu, s ograncima u Evropi, Aziji, Latinskoj Americi... Naša pobeda zavisi samo od brzine kojom ćemo delovati. Ti bi mogao mnogo da nam pomogneš kad bi govorio ljudima sa gradilišta. Svi te znaju, slušaće te, imamo već pripremljen govor, poznajem tvoj revolucionarni rad.

Rozalija nam prinese pivce. Uplašen da mu ne zakači kačket natuče ga na glavu.
— Ja sam radio, nisam ti se ja mešao u politiku — reče jogunasto tata. — Kakav revolucionarni rad, kakvi bakrači?! Rečeno mi je da skupljam doprinos! Skupio sam ga! Tražili su da vodim zapisnike — vodio sam ih! Zatražili su da uzmem reč — uzeo sam je. Bio sam pozivan i nedeljom na posao. Dolazio sam. Kakav revolucionarni rad?

Tata i ne sačeka odgovor. Nekakav pokret pored šanka privuče mu pažnju. Dugan se nervozno okrenu, da bi odmah potom veselo uzviknuo:
— O, nek ste živi, druže Čaušesku!

Sa strukom umotanim u više prljavih plastičnih folija, gmizavo stvorenje, s drvenom štakom koju je jako stezalo opirući se o pod. Rozalija viknu na njega davši mu znak rukom da se čisti. Grebe joj tek očišćen pod, ali Dugan ga uze u zaštitu pozvavši ga za naš sto. Beše to dečak ošišan nularicom, crnpurast, neopran, musav, zamućenog, bolesnog pogleda. Kad dogega do našeg stola, Dugan ga pomazi očinski po potiljku, a on ispruži vrat da vidi čime raspolažemo na stolu. Nije uspeo, bio je prenizak. Stade da mumla, da mlatara rukama kao majmun.

– Šta ćeš, bre, Čaušesku? 'Oćeš cigare? – smekšao je Dugan ton. Bogalj je ukapirao: klimnu glavom, isplazi jezik poput šteneta. Dugan mu udeli dve fine cigare. I ćale mu jednu pridodade. Ovu poslednju je zalepio za usnu, preostale zavuče pod plastičnu foliju. Dugan mu pripali našom šibicom.

– Pivo? Možeš li pivce, Čaušesku?

Dopuza do nas, gledajući ispod stola. Dugan se grohotom nasmeja, namignuvši nam.

– Želite li, Vaše Visočanstvo, vino iz Odobeštija? Neće, gospode! Žene, 'oćeš, Čaušesku?

Klinja energično klimnu glavom – želeo je! Dugan se, zadovoljan, opet slatko nasmeja. Sa susednog stola izgubljena žena pogleda nas sažaljivo, a prosedi profesor je *dolivao,* uvređen zbog prekida koji mu je ukrao sagovornicu.

– Srećan je – objasni nam ponašanje i reakcije bogalja. – Da li ga poznajete? Našli su ga neki Cigani na đubrištu, u mahali. Nekakva kurva ga je tamo bacila i, kukavac, nije umro, gospodine! Stvar je u tome što su ga našli istog dana kad je pao Čaušesku. Abortirani đavolak, kako li je samo izdržao?! Neki Švajcarci došli su kolima hitne pomoći, pokupili ga iz ciganske kuće, odveli ga sebi presekli mu paralizovane noge, kljukali ga njihovim lekovima, vidi kako je razvijen, pa nam ga vratili ovako – upakovanog! Bog zna kojom su ga drogom kljukali kad je tako porastao! Gotovo da je za školu spreman! Međutim, ko o njemu da se stara? Ovakvi bogalji su ruglo naše zemlje. A naš je Čaušesku i pametan. Razume sve što mu kažeš. Šta kažeš, Čauše, ideš li u školu?

Bogalj smrvi pikavac na dlanu a potom ga usnama izbalavi. Zatim ga proguta. Dugan se prekrsti. *Bogi* je pažljivo *snimao* tatine pantalone. Dugan nas je šapatom upozorio: „Smiri se, čika Ilije, sviđaš mu se!" Bogalj poče da mrda glavom napred-nazad. Ćale ga je unezvereno posmatrao, zgađen. Odjednom, klinja se ustavi, kao da je nešto nanjušio. Saginjao se, sve do tatinih sandala, gotovo naglavačke. Naposletku kleče, oslonivši se o svoje crne šape te mu, jednim iznenadnim i divljim pokretom, poljubi noge. Ćele nije ni trepnuo. Dugan se osmehnu:

– Šta sam ti rekao, čika Ilije! Voli te drug Čaušesku! Možda će te uzeti u Centralni komitet! Prestani, Čaušesku! Ostavi nas na miru! Dao sam ti šta si hteo, marš, čibe!

Čaušesku se nije ni mrdnuo. Kliberio se. Ostavio je trag žvala na ćaletovim pantalonama. Dugan se razdra i munu ga nogom.

– Ne diraj ga, Dugane! – gotovo će ljutito ćale.

– Nek ide dođavola, bogalj nijedan? Nek ide svojoj materi koja ga je 'vakvog stvorila, vaskrsa mu mamicinog!

Dugan ga pljunu i bogalj se povuče, verovatno su mu takvi gestovi značili opomenu. Rozalija izađe iza šanka, grubo ga izbaci časteći ga najpogrdnijim izrazima. Pljunu ga, na izlazu, pa stade da briše pod. Nije se video nikakav trag, ogrebotina ili oštećenje, pa ipak... Dugan prođe prstima kroz kosu, ganut, teško dišući, baš kao da se već zasitio svojih finih cigara.

– I, šta ima novo, čika Ilije? Kako ide penzija?

– Trebaju mi pare.

Dugan, obradovan, sleže ramenima.

– Hteo bih da kupim kuću. Tri miliona, na zajam – produži ćale.

– Pozajmica, tri miliona?! Zašto ne odeš u banku?

– Kad bih tražio od banke, išao bih u banku! Ja sam došao kod vas. Napravićemo papire, sve po propisu, vi utvrdite kamatu...

– Videćemo. A što ti je to pa sad zapelo?

– Više ne mogu tamo da živim. Curi mi voda s plafona.

– Zovi vodonstalatera. Ako hoćeš poslaću ti jednog sa gradilišta da to sredi. Možda je pukla cev kod komšija.

– Ne curi od komšija, ali meni curi! – reče tata depresivno a Dugan razrogači oči melodramski.

Otpi gutljaj piva, a potom sapatnički sasluša ćaletovu priču o mrlji s plafona trpezarije, kako se pojavila, koliko već curi, gde se tačno nalazila, koje su mere preduzete. Ćale je nerado odgovarao na pitanja, kao da se pokajao što se ovako izjadao.

– Vrlo si dobro uradio što si nas obavestio, čika Ilije. Staviću problem na dnevni red prve sednice. Obavestiću o istom i našu vezu u Bukureštu. Ne smeš da kloneš. Znamo da se tako nešto desilo pre nekoliko godina, jednom

našem čoveku. Prodiskutovaćemo s najvećom odgovornošću tvoj slučaj i, u zavisnosti od odgovora iz Bukurešta, postupićemo... Samo da znaš, nova kuća koštaće te više od tri miliona! Sa tvojom pozaj...
— Znam! Sadašnjost je zamršena i teška a klasna borba traži puno para!
— Nemoj tako čika Ilije! Garantujem da nećemo tvoj problem zapostaviti. U interesu je svih. Što se tiče predloga koji sam ti izneo, razmisli. Drugovi su saglasni da ti govoriš ljudima, ako bi pristao... Treba već da idem... Drago mi je da si me potražio. Ostani mi zdravo!

Dugan se rukova s ćaletom a meni dobaci blag pogled. Nakon što došapnu nešto mladiću za barom, Dugan izađe ne osvrćući se. Ćale otpi. Do dna. Umorno podrignu pa ustade:
— Gotovo!

Samo je starkelja u odelu s duplim zakopčavanjem, s neispijenim pivom i novinama pod nosom, ostao u krčmi. Ćale je prišao da plati barmenu ali ljubazni mladić reče da je to gospodin Dugan sve izmirio. Pred „Sirenom", ćale se zaustavi s rukama na kukovima, kao da je pogledom tražio onog što je maločas izašao:
— Dan Dugan, taj je milioner! Božju mu majku!

Na kraju ulice zaokretale su tramvajske šine. Ćale uze dve karte, jednu mi tutnu u šake i kaza mi da će on ostati još u varoši. Čekajući tramvaj, pripali još jednu.
— Ona se Grkinja zove Gerakopol. Pričala ti je valjda majka o njoj, zar ne? Tebi sve priča. To je njeno vaspitanje!

Mama mi nikad nije pričala o Danu Duganu. Možda ga čak nije ni poznavala! Tramvaj se zaustavi i ćale siđe. Na raskršću, u centru varoši, saobraćaj je ponovo bio živ. Siđoh, hodalo mi se! Bilo je još prerano da idem kući. Ušao sam u jednu prodavnicu, u nadi da ću sresti nekog starog druga iz škole koji bi mi mogao pozajmiti štogod. Pojavila su se dva nova časopisa. Ne nađoh nijedno poznato lice. Krećući se bulevarom, opazih da je uznemirenost rasla. Mnoštvo sveta me je zaobilazilo, u grupama energično pričajući i gestikulirajući, kao da su išli na stadion, na dan utakmice. Nisu razgovarali o fudbalu. I kola su se množila na ulicama. Ubrzano su promicala, sva u istom pravcu, ka plaži, potežući sirene bez vidljivog ra-

zloga. Pustih korak. Prodavci i prodavačice iz prizemnih radnji već behu ispred, prateći spontani marš. Hteo sam da upitam jednu prodavačicu o tome šta se događa, kad me jedna čvrsta ruka steže i ja se uplašeno osvrnuh:
– Ćao!
Kristina, u roza majici, bez rukava, što je padala preko bele suknje, kratke, tesne. Očito nije krenula na plažu! Do nje, u teškim čizmama, vukao se roker kojeg sam video pre nekoliko sati, u pratnji moje sestre.
– Ovo je Bobi – predstavila mi ga je Kristina, i Bobi mi u hodu steže ruku.
Izmenjasmo najkonvencionalnije fraze, Kristina i ja. Bobi je bio besprekorno izbrijan, verovatno je koristio i kreme za lice. Imao je i jednu zlatnu minđušu, diskretno, u levom uvetu. Kristina baci oko na moj šešir, ironično se osmehnuvši. Nisu se držali za ruke. Žustro ga je pratila, vešto prelazeći one koji su neodlučno stajali na pločniku.
– Idemo da živimo iluzije drugih – doviknu mi Kristina, i Bobi je povuče za ruku, kao da nije trebalo išta da mi kaže.
Izgubismo se u uličnoj gužvi. Kamioni s radnicima sa gradilišta, autobusi skrenuti s putanje, autobusi s turistima što su naglo promenili svoje programe, biciklisti, automobili; čak i nekoliko kola hitne pomoći – sve je to blokiralo bulevar. Razgovori oko mene bili su sve razgovetniji. Od dvojice penzionera razumeo sam da su Ameri stigli na našu obalu. Iskrcali su se pre tri sata. Na državnoj televiziji i radio-programu – ništa, ćutanje. Turisti sa plaže su ih otkrili i dali alarm.
Na plaži više nije bilo mesta ni za iglu. Pojedini su se popeli na krovove svojih kola, drugi na obližnje kioske, na terase hotela, treći... Terasa hotelska bila je ogoljena – ni stolova, ni stolica! Najhrabriji su se uzverali na olupinu tegljača mašući ka pučini. Mi smo u zgradi praznovali; sve terase i svi prozorski ramovi behu u žuto obojeni. Samo su na četvrtom spratu prozori bili zatvoreni. Sa plaže, u tolikoj gužvi, pučina je bila predaleko – ništa se nije videlo. Neki ljudi su se gurali u vodi. Svi s očima uprtim u daljinu, s rukom iznad očiju. Drugi, vidovitiji, koristili su dvoglede, vatreno prepričavajući ponešto onima što su se upinjali da golim okom štogod *zakače*. Svakojaka kola su se gomilala sa raznih strana: od sirena na-

čisto da poludiš! U pojedinim grupama bila je u jeku žestoka rasprava oko istorijata iskrcavanja, međunarodnih sporazuma, prepirke sa Staljinom i razlaza, Jalte; istorija se vratila da nas uzme gde nas je ostavila!

Pred zgradom otkrih disciplinovani red veći od onoga za hleb. Na vratima g-đica Puša, uz pomoć narednika Grigorea Postolakea, cepkala je karte za one koji su hteli sa visine da bace pogled na Amere. Misleći da sam i ja hteo da uđem preko reda, građani iz reda se razgalamiše, počeše da zvižde, čekaj bre, kud si navro?; narednik ih je smesta *smirio* na sebi svojstven način: živi u zgradi, ima prednost!

– Jesi li video šta nam učini Marius? – dočeka me rafalno g-đica Puša, ne obustavljajući cepkanje karata.

Cepala je napola autobuske karte odavno izbačene iz upotrebe i pola je davala posetiocu a drugu polovinu je zadržavala. Policajac je obilazio red, merkao ga, smirivao...

– Imala sam ovde i skandal, da ti ne pričam! Slomili su mi prozore, uništili vrata napuštenih stanova... Životinje! Stoka! Ja sam zadovoljna samo jednom stvarčicom: naša zgrada, takva kakva je, revanšira se istoriji. Toliko ljudi da se popne na nju... Dajte mi pet leja, nemam da vam vratim kusur... toliko sveta! Zašto? Da vide Amerikance. Zbog toga ova zgrada vredi da uđe u istoriju Rumunije! Penješ se na sprat da vidiš svoju prošlost na morskoj pučini! Ionako, Marius u ovoj fazi nije se baš poneo kao gospodin! Mogao je ranije da nam dâ nekakav znak, da se bolje spremimo. Molim vas, bez guranja, ima mesta za sve! Otišao je do Amera, objasnio im gde smo mi, pokazao im put na karti koji do nas vodi i – videćeš šta će još dalje biti!

*Kolona* je išla uredno do ulaza u zgradu. Nakon što bi posetilac dobio svoju polovinu karte, jurnuo bi kao oparen stepeništem, kao da se vreme meri štopericom! Svi prozori s pogledom na pučinu bili su napadnuti. Na drugom spratu, u jednom stanu, nekoliko muškarčina je polugom nastojalo da sruši zid. Na stepenicama je bila takva gužva da sam se penjao stepenik po stepenik, držeći se za gelender. Svetina se penjala i silazila urličući, psujući; zahvaćenima gužvom nije bilo spasa... Ni deca nisu bila pošteđena.

Na četvrtom spratu zatekoh tri tipa kako lupaju na naša vrata, gotovo da ih iz šarki izvale! Verovatno se mama zabarikadirala. Napadači su bili iznervirani – kako to da ne mogu da uđu u naš stan a platili su... Probio sam se, zašao im iza leđa. Videlo se očito da se spremaju da polome vrata, platiće valjda štetu!, nije to problem, jednom u sto godina nas posećuju Amerikanci! Nemadoh načina da ih zaustavim. Oni me odgurnuše i ja izgubih bitku i ravnotežu! Nekakav turista, žgoljavko, pritisnu kvaku nogom. Nije išlo! Jedan grmalj, najsnažniji među njima, i još jedan debeljko spremali su „ovna" koji će rešiti sve! Zalete se tip, ne gledajući oko sebe i tako me odbaci da ja padoh preko jedne tek prispele žene koja glavom zviznu o vrata lifta. Žena kriknu i noktima zagreba moj potiljak. Šešir mi odlete ko zna kud! Debeljko nasrnu na vrata ali bez uspeha. Možda mama i nije kod kuće, jer bi sigurno vrištala. Pokušah da ustanem, žena se onesvesti i postojala je realna opasnost da načisto bude pregažena od pridošlica koji su *navirali*... Noge počeše da mi se tresu. Žena se nije povratila. Debeli se spremao za novi nasrtaj. Zaletevši se stiže čak do mene i ja ga ugrizoh za nogu. Kriknu, ali ga moj ugriz nije bacio na kolena! Sledeća dva muška udarca u bradu složiše ga pored žene koju sam ja držao u naručju. Žgoljavka što priskoči u pomoć debeljku ćale zviznu ručkom torbe po licu. Turista pokri lice vrisnuvši. Treći turista se izgubi u svetini. Ćale ščepa debeljka za kosu a meni dade znak da ga prihvatim za noge. A zatim se razdra: „Onesvestio se, zovite hitnu pomoć, umire!" Vukli smo bezobraznika po betonu do prvog stepenika kad ga ćale nogom odgurnu – nek se nosi u!... *Džak slanine* se kotrljao stepeništem, povukavši za sobom još jednog drznika. Ćale i žgoljavka sa dva šuta isprati istom putanjom. Počeh kao sumanut da pritiskam zvono na našim vratima. Ćale samo zbaci kačket na potiljak, ubaci ključ u bravu, bio je znojav pod miškama, i – otvori vrata! Za nama pokuša da se ušunja i žena za koju sam mislio da je onesvešćena (bar je tako izgledala!) ali je ćale jednim šamarom odbi od vrata.

– Ovo je moja kuća, smrdljušo! – Zatim, zabravi vrata.
    Mama se nije ni zabarikadirala niti se, pak, preplašila žestokih ataka na vratima. Sve vreme bila je u kuhinji, pored prozora, gledajući gužvu na plaži.

– Moram ti oprati radno odelo, Ilije! I ovu torbu si usvinjio paradajzom – tužno nas dočeka.
– Ima li vode u kupatilu?
– Nema, ali sam ipak sačuvala malo vode u kadi.

Ćale uđe u kupatilo. Mama spusti lavor na tabure, baci šaku sode, zamoči radno odelo i torbu i stade besomučno da trlja. Napolju, na stepeništu, buka je i dalje trajala. Na susednim prozorima i obližnjim terasama vladala je ista pometnja, samo je gore, kod g-đice Puše, bila grobna tišina. Sa plaže se razlegalo urlanje praćeno sirenama i žestokim uzvicima. Mnogi su zagazili i u more, snabdeveni durbinima i pojasevima za spasavanje. Nekolicina neustrašivih stadoše da plivaju u sumnjivom pravcu. Tri čamca sa veslima, prenatrpana, brodila su bez cilja na maloj udaljenosti od obale. Olupina teretnjaka je nastavila da prima nove putnike. Odande je pucao vidik. A ta olupina zapravo nikad nije ni bila pravi teretni brod. Starudija se tu zaustavila odmah nakon Čauseskovog pada. Posada je do tada radila u nervozi, prekovremeno, nedeljom, produženim smenama... Kad se raščulo da je Čausesku *skliznuo,* radnici sa gradilišta su bacili partijske knjižice, knjige sa crvenim koricama, „radove", partijske zastave sa broda. Još više, ceo „rekvizit" naše varoši je odmah bio bačen. Tako da je brod neosposobljen za plovidbu sklonjen sa gradilišta i sa dva debela užeta privezan za našu obalu. Čak ni tata koji je mesec dana kasnije otišao u penziju – niko nije imao objašnjenje – zašto? „U znak protesta!", precizirala je g-đica Puša u pravo vreme. Za dve godine, teretni brod nije stigao da bude ofarban, ali je stigao da sasvim zarđa. Prava *crvena* olupina! Jednog jutra smo ustanovili da olupine nije bilo. Užad nisu bila presečena nego odrešena. G-đica Puša je razumela i to: Rusi su je ukrali, da je istope i da proizvedu čelik za tenkove! Ćale je na to samo slegao ramenima, nije ga previše zanimalo. Dve nedelje docnije, u ranim jutarnjim časovima, otkrismo olupinu na svom starom mestu, vezanu kao i pre. Gosn Remus se prvi popeo i ustanovio da je sav *ideološki tovar* nestao. Nije našao ni stranicu iz „Programa Komunističke Partije Rumunije za izgradnju multilateralno razvijene socijalističke zajednice i napredak Rumunije ka komunizmu". Olupina je bila čista. Čak izmetlana, začudio se i gosn Remus a mi smo mu verovali. U to vreme, kako nas je obavestila g-đica Puša, arhiva KGB-a bila je otvorena i dostupna američkim istoričarima. „Sad možemo na miru da spavamo!", dodala je Lujza.

Mama je na terasi prostirala tatino radno odelo i krpenu torbu, a onda nam je postavila ručak u kuhinji. Ćale ju je pratio na nogama, leđima okrenut prozoru. Mrlja sa trpezarijskog plafona se uvećala i već je bila kao „naš zemaljski globus odlepljen na polovima". Seli smo za sto. Ćale je isekao hleb, mama je promešala paradajz-salatu.

– Više ne idem na farmu. Prošao je paradajz. Ostale su samo lubenice, njih sam sit a loše se plaćaju. Sledeće godine biće i manje paradajza.

– Snaći ćemo se mi – žurno će mama. – U frižideru imamo oko četiri kila, a po tamnim ćoškovima još negde oko šest-sedam, ali od toga hoću da napravim sok od paradajza, da se spremimo za zimu. Šta veliš, Ilije?

Tata sleže ramenima. Spolja je dopiralo „Ura!"

– Izgubio si šešir – primeti ćale. – Ko je bila ona devojka sa kojom sam te video na ulici?

– Kristina, Lujzina drugarica – odvratih kao robot. Ćale je žvakao gotovo gadeći se. Pogleda mamu, a ova obori pogled u kecelju.

– I šta 'oće od tebe?

– Ništa, svira klavir.

– Njoj odgovara svirka na klaviru. Ima otkud. Ja nemam odakle da vam pružim! Nemoj mi više sipati, neću više, sit sam...

Zatražio je kuhinjsku krpu, obrisao ruke, nagorele usne, čelo bez bora.

– Da nađeš super devojku. Da budeš zahvalan za ono što ti pružamo, jer nemamo otkud. Jesam li u pravu?

Mama mu glavom potvrdi – bio je u pravu. Zatvorio se u trpezariji i pustio je televizor. Mama je istresla stolnjak. Tek nakon prvog opranog tanjira, setila se:

– Da li te je usput pitao za Lujzu?

– Ne.

– Biće veliki skandal ako Lujza ne prestane sa skitnjom. Rešen je da vas se otarasi, kao da ste mu u ustima. Kad bih ja imala para, puno para... Što si se spetljao s tom devojkom?

– Nisam se spetljao.

– Znam, ali nemoj da ti se to dogodi! Šta, kao on ne zna ko je Kristina?! Ona je prokletstvo za našu kuću, to je ona! Zašto nas ne ostavi na miru? Lujza joj nabija rogove. Ako je zateknem pred vratima, tresnuću je! Gospode, oprosti mi!
– Bila je u našoj kući!
– Pa šta? Bolje da je nisam primila. Je si l' ti bio već kod nje? Da vidiš kakav nameštaj ima, kakve tepihe, slike, lustere... I kakvu veš-mašinu ima njena majka! Šta, žive li oni kao što mi živimo?! Zašto mi je upropastila kuću?
– Kako ti je upropastila kuću?
– Treba da ti kažem da ti je otac u pravu: ne obraćaj pažnju na nju, pravi se da je ne vidiš! Puša nas je već dovoljno ogovarala! Grom sa pučine udari o prozore, skoro ih polomi. Mami zamalo tanjir iz ruku ispade. Priđoh prozoru. Talas uzvika dizao se sa plaže. Ljudi su zapanjeni trčali nazad, ka varoši, ostavljajući kola, stolice i stolove na terasi hotela... Oni koji su padali ostajali su bez pomoći. Praznik se pretvorio u očajničko bekstvo! Red sa ulaza u zgradu je isparo. Na stepeništu, urlici zapljusnuše i naša vrata. Pogledah bolje ka pučini ne bih li otkrio plivače ili šta drugo. Na liniji horizonta, (zašto sam zaboravio da baš tamo pogledam?), ogromno jato ptica spustilo se na more, da predahne. Bili su to Ameri sa svojom flotom. Desetina, možda stotina malih i velikih brodića usidrilo se na pučini, kao što smo već videli na TV-u kad su napali Somaliju. Ali, ono je bio film...! Na našem moru njihovi stvarni brodovi stvarno plove! Plaža je opustela, kao taknuta štapićem nekog čarobnjaka. Jedan autobus je očito imao grdne teškoće u povlačenju. Dva auta su bila prevrnuta sa točkovima okrenutim nemilosnom nebu, kao kornjače! Kiosci su bili svaljeni u pesak. Stolice i stolovi sa terase rasuti po celoj plaži. Na bojnom polju ostalo je samo nekoliko vitezova koji su zviždali prema moru! Oni sa olupine poskakaše u vodu, kao da im je brod već tonuo. Na stepenicama naše zgrade buka se izrodi u neprirodnu tišinu. Jedan od tri čamca upućenih prema moru je nestao! Plivači su grabili prema obali koliko su brže mogli. Američka flota se *ukopala* u mestu. Na zvaničnom programu *tekla* je narodna muzika. Ćale je odvrnuo do daske: sviđala mu se ta muzika!

– Ja više ništa neću reći, čuo si mamu. Svet jedva čeka da mi dobaci da je Marius pobegao. Nema radosti u bežanju!
– Ono što smo prošle večeri gledali kod Puše bio je film preko kablovske. Zašto misliš da je Marius pobegao? Možda je otišao na izlet?
– Zato što je pobegao i iz naše kuće. Pobegao je, šta je – tu je!
Skočih od prozora i bez straha otvorih ulazna vrata. Zgrada je bila *oslobođena* brže no što sam očekivao. Odozdo se začu lomljenje prozorskog stakla i zapomaganje nekog ko je očito tražio pomoć! Popeh se na poslednji sprat a ne sretoh živu dušu. Umesto toga, bilo je cipela, pokidanih sandala, pocepanih majica, torbi, plastičnih minđuša; đubreta svih vrsta! Na svakom koraku, na zidovima, fleke od krvi i tragovi povraćanja. Vrata napuštenih stanova bila su razvaljena. Preostali stanari su pobegli pred najezdom. Na krovu otkrih g-dicu Pušu, ozbiljnu, licem okrenutu moru i pored nje Grigorea Postolakea, koji već beše nekom bradatom tipu oteo megafon pa ga je pružao našoj komšinici. Približi mi se narednik i na uvo mi prošapta: „Ovo je arhitetka iz Bukurešta!" Bradonja je stajao desno od gospođice, poluokrenut moru. Jednom se prekrsti, mrdajući usnama baš kao da izgovara molitvu. Naša komšinica odlučno prinese megafon usnama, narednik zauze stav „mirno", s bradom na grudima.
– Nećeš dugo živeti jer onaj koji brzo zaboravlja – brzo i umire!
Mi ne zaboravljamo ono što si ti izgleda sasvim zaboravio. Zaboravio si vedre dane kada smo mi rintali za tebe, a ti si se bezbrižno brčkao u moru. Zaboravio si naš kolektivni napor da bi ti učio i napredovao. Dovoljno je bilo da te samo jednom provedem kroz grad, za ruku, da bi, drugi put, đak odlikaš u petom razredu, da mi pokažeš da si izučio sve što smo izgradili, za tebe podigli: asfaltirane ulice, oblakodere za pripadnike svih slojeva naše zajednice, svetle bolnice, škole i vrtiće, gde je tvoja generacija učila napredovanje istorije, Brodogradilište gde je tvoj otac, rame uz rame s drugim očevima, ispraćao brodove u more, bižuterije svetske tehnike! Ti si sve brzo i temeljno usvajao i bila sam vrlo ponosna tobom. Ali sad, razumem istinu: pravio si se da si naučio! Otišao si sa

svim našim radom skupljenim u jedan kofer, pljujući na sve iza sebe, zgađen. Nismo mi to zaslužili! Stigao si tamo i pomogao da te ispitaju. Mi smo stajali iza tebe. Oni ne praštaju. Demokratija postoji svugde u svetu, Mariuse, samo ti hoćeš da živiš u njoj misleći da je ona tamo. Zaboravio si da si dete našeg sveta. Jednog dana tvoja će te deca pitati odakle si došao. Bićeš nespreman da im odgovoriš. Za momenat ćeš osetiti grižu savesti. Odakle si došao, gde si se rodio? Lagaćeš, da si zaboravio. I pričaćeš im da asfaltirane ulice, visoka i lepa zdanja, bolnice podignute uz tolike žrtve i odrcanja, škole u kojima si bio đak za primer, ljudi koji su ginuli i izgarali za tebe, sve to čini prljavštinu tvog života koju si bacio u prvu kantu za đubre koju si sreo na levoj obali Atlantika. Kako ćeš moći da baciš godine koje si proživeo u jednom kontejneru? Ali da znaš, Mariuse, da asfalitrani bulevari, zgrade i zgrade, bolnice, gradilišta i sve drugo sačinili smo, smejaćeš se, ne na temelju jedne ideologije, nego zato da bismo kao narod imali pamćenje. Rečenica ti se čini smešnom, je li tako? U stvari, to je revolucija koju sam doživela jedne tihe večeri nakon što sam upalila kandilo na uzglavlju mojih vladara. Spremala sam se da odem, da ostavim noćni mir. I kao svakog puta pre bilo kakvog odlaska, zamislila sam da nakon što ću zatvoriti teška vrata crkve za sobom, da će se kamene ploče pomeriti a vladari izaći i moliti se za moju izgubljenu dušu. Ali tad, moje se priviđenje odlomilo od revolucije i ploče nikad neće osloboditi moje vladare prošlosti, oni nikad neće pohrliti u ovu sadašnjost... Oni su podigli crkvu da bi ostali tu. Podigli su je da bismo mi imali pamćenje i blaženi mir. Pamtimo, raznežujemo se, šalimo se, rastužujemo se, vidiš, Mariuse, kako naša postignuća, na koja si ti pljunuo, opravdavaju sećanja! A čega se ti sećaš? Košmara? Da si pobegao, ostavljajući iza sebe trudnu ženu, dužnu da narodu rodi dete. Ali naš je život veliki košmar. Patnje! Svuda u svetu patnja je ista. Beg te je unakazio! Mi smo ostali kakvi smo se rodili, nepokvareni i pošteni, u košmaru, trpeći i uvek pamteći. Nemoj nam se više vraćati! Prevario si nas. Niko više neće biti spreman da te na nešto podseti. Nećemo te ni naučiti da sanjaš! Za tebe, ništa iz našeg života nije ti više blisko, razumljivo...

5

Nakon dva dana boravka Amerikanci su odjezdili pučinom, ostavivši prazan horizont. Otada nisu se pojavili u našim vodama. Od nacionalne televizije saznah da Amerikanci koji su nas posetili nisu bili Ameri već Rusi! Ruska flota iz Sredozemnog mora stigla je do nas na manevre. Vest je pogodila mnoge stanovnike varoši, izazvala brojne kontroverze – istorijske i političke. Lokalne novine, preuzevši saopštenje televizije, predstavile su vrlo šturo vojne manevre; oni koji su flotu pratili danonoćno nisu primetili pokrete brodova, lansiranje projektila... Jedini pokret bila je topovska paljba što je uplašila građane. Istini za volju, bilo je glasova koji su podržavali ono što se i danas može podržati: da su brodovi u morskim širinama bili američki. Pojedinci su uz pomoć moćnih dvogleda videli barjak američke mornarice kako se vijori na katarci. Opet su nas slagali, svinje! Kad su ih pitali nisu imali valjan odgovor koje su to „svinje"? Oni sa televizije ili Ameri u povlačenju, oni što su ostali da zure za svaki slučaj – ili Rusi! Manjina je smatrala da je flota pravo kolektivno priviđenje, izazvano nuklearnom katastrofom u Černobilu. Ispostavilo se da su većinu činili lopovi. Oni su slobodno operisali dve noći uzastopce, po prodavnicama i skladištima varoškim.

Malo je bilo građana što su pokazali apsolutnu nezainteresovanost za događaj. Među takve mogao se ubrojati i gosn Remus koji se zamandalio u kući čitajući policijske romane i zureći u televizor. Nakon povlačenja Rusa, šef recepcije je napustio svoju kuću i otkrio u poštanskom sandučetu koverat identičan sa prvim. Pročita sledeće: „Mađarčino smrdljivi, otfikarićemo ti ruku!" Gosn Remus nije mi pokazao koverat, ali ga je pretnja mučila a, čini se, i greške ortografske.

U samo ta dva bogovetna dana, od emocija i nereda prouzrokovanih dolaskom Amera, zbilo se četiri saobraćajna udesa s mrtvima, trideset šest teških incidenata, osamdeset šest pljački i tri silovanja. Ove cifre, razume se, dobili smo ljubaznošću g-đice Puša koja ih je preuzela, redom, od narednika. Zapravo dogodila su se samo četiri saobraćajna udesa koja ne pominje državna televizija kao ni ostale crne statističke pokazatelje. Posle šokantnog udara, građani su nagrnuli u naš blok i na bazi ulaznica – komadić probušene hartije istrgnut iz vežbanke – umarali su oči diveći se američkoj (ruskoj) floti. G-đica Puša nije se hvalila, međutim, poprilično je insistirala. Potrošila je tri vežbanke. Najumnije glave i najstariji pamte da su čekali na Amerikance i pre pedeset godina. Njihove žvake činile su mi se stupidne, izazivale su, kao po običaju, olujne diskusije na političke teme. Oformio se čak i jedan antiamerički pokret, i među onima što su ih nekad čekali kao ozebao sunce; prava reakcija na njihovo veliko zakašnjenje. Kad su posle dva dana saznali da je reč o Rusima – likovali su!

Grupa švercera, rokera i mini-suknjica bila je u centru pažnje, dominirajući na plažama: muzikom, drekom; muzikom i pozivima upućenim moru! Ismejavali su one dezorjentisane što su postavljali svakojaka pitanja vezana za pojavu Amera. Spavali su na plaži, pili su enormno (samo votku i konjak) pevali su na desetine puta američku himnu i neke njihove tipične pesme, sanjali su otvorenih očiju: Ameri će se uskoro iskrcati, doneće električne gitare, bubnjeve, ploče, audio-kasete, podići će stadione za koncerte, autoputeve, kazino, prodaće farmerice svojih mama, koka-kola će teći svim putevima, postaviće na noge Brodogradilište; možda naša varoš postane prestonica! Maštali su. Moja sestra bila je njihov predvodnik. Šverceri su prodavali američke zastavice, sačinjene na brzu ruku od strane jednog promašenog slikara iz njihove grupe. Kristina je bila sa njima. Kad su čuli za TV-saopštenje povukli su se, želeći da svoju razočaranost potroše na železničkoj stanici. Samo nekoliko sati pre emitovanja saopštenja nacionalne televizije pustili su glasinu da je iz Bukurešta došao arhitekta-patuljak s namerom da preseče naš blok, od petog sprata (uključujući!) što, na naše veliko zaprepašćenje, nije iznenadilo niti uplašilo gospođicu Pušu. Bradati patuljak je tumarao blokom, izjašnjavajući se lično o nameri, bez posebne motivacije. Ali niko se nije pitao zašto hoće da nam srežu pola bloka. Vatrene pristalice Amera nisu se bunili, naprotiv; ako se sve to preseče, mi se penjemo na olupinu i bolje vidimo!

Vest je stigla do švercera, rokera i mini-suknjica proizvevši odmah vrlo burne reakcije. Bobi je pronašao arhitektu i, bez ijedne reči, zalepio mu šamarčinu i zapretio mu, kroz zube, da se ta *testera* što pre upotrebi. Ponavljao je kao sumanut: „Jesi li me čuo, a?!"

Arhitekta je pocrveneo kao rak, zatim se Bobi povukao: vratio se i opalio mu jedan šut u dupe. G-đica Puša nije protestovala. Narednik, svedok ove nemile scene, odmah je ispario, odmaglio. Bukureštanski arhitekta je nestao iz varoši.

Nakon odlaska flote niz pučinu, mnogi su se pitali, bez ikakve ironije, kako je moglo doći do tolike konfuzije, čak da smo svi ćoravi morao je neko kroz dvogled da primeti da su zastave na katarkama ruske! Ali naši su bili isuviše svikli na rusku zastavu, srpić i čekić, da nisu imali pojma kako izgleda ona – ruska! Mnogi su osetili sram od entuzijazma proisteklog od dva „američka" dana i žurili su da tu stvar što pre zaborave. U roku od nedelju dana narednik je tražio pokretanje „zvaničnog postupka" (iz rečnika g-đice Puše!): pa ko je prvi video, pa ko je lansirao opaku ideju da su stigli Amerikanci!... Grigore Postolake priupitan je diskretno od strane nekoliko penzionera iz našeg bloka i desetak turista o celoj stvari. Mi nismo otvarali iako je milicajac uporno zvonio na našim vratima. Nemamo mi šta da izjavimo! Pogotovu ne za... Za ta dva dana ćale je gotovo zaboravio na televizor, mama je besomučno prala veš i tamanila gamad koja je zbog tolike agitacije na stepeništu kod nas tražila spas; a ja sam posmatrao more i prelistavao časopise iz kolekcije. O rezultatima istrage g-đica Puša nam je prenela glas. Dolazak Amera i odlazak Rusa, sa svim što sledi, okončao je letnju sezonu na našoj obali. Gosn Remus odmah je napravio procenu gubitka. U prvoj nedelji nakon *povlačenja* Rusa ipak je izašao iz bloka i popeo se na olupinu tegljača. Proverio je, reklo bi se, većinu gostiju – da kome nije štogod ukradeno. Sad je pušio zamišljen, posmatrajući mesto boravka ruske flote. Vratio se otuda ne rekavši nam ni reč. G-đica Puša govorila je umesto njega. I ona se popela na olupinu, ali ju je viđeno gotovo pokosilo: gomile đubra, izmeta, pocepane odeće, prezervativa, o sramote! Zgađena viđenim na tegljaču, komšika nas je lepo zamolila da počistimo kućno stepenište, nije potrebno da se pere – dovoljno je samo da se prođe mokrom krpom ili četkom, da se ne podiže prašina. Sve – samo da ne živimo sa bedom drugih pod nosom. Nismo je odbili, tim pre jer je g-đica Puša obećala solidnu nadoknadu. Pokupio sam đubre u plastične kese i bacio ga u debelo more, daleko od nešeg bloka. Sa zarađenom lovom, kupio sam žuđene časopise, dve paklice finih cigara i *srušio* litar koka-kole!

Onoga jutra kad je gosn Remus pozvao mamu da čisti u hotelu, otkrio sam, za nepuna dva sata, da je olupina isparila! I, kao i prvoga puta, užad ne behu presečena. Onaj što ih je odvezao sa sigurnošću tvrdim da bi morao biti mornar. Tragao sam za olupinom linijom horizonta – jednostavno kao u *zemlju* da je *potonula!* G-đica Puša bila je više no *decidirana:* oteli su je Rusi, da je istope i da od dobijenog čelika naprave tenkove!

Mama je za čišćenje uzela gomilu starih čarapa, pripremljenih još dan ranije. Pala je prva hladna kiša a Lujza nije ni pomišljala da ode na fakultet. Nastavila je da švrlja sa švercerima, rokerima i mini-suknjicama. Obnoć, mama se vratila iz hotela bez čarapa. Plakala je kao kiša (od sreće?!), jedva procedivši koju. Zavukla se u kujnu, zabravila i rasprostrla razglednicu. Jedan blok od crvene cigle uzdizao se na jednom parkingu sa dugačkim vozilima, viđenim jedino na filmu. Boje su bile vrlo žive a karton vrlo debeo i kvalitetan. Da se vratim razglednici: „Grlim vas s ljubavlju preko Okeana" Potpis: Marius! Bio je njegov rukopis. Uskliknuh i zagrlismo se. Marius je pisao, nije nas zaboravio, grli nas preko Okeana! Razglednica je imala straobalan pečat. Naša adresa bila je ispisana istom rukom. Kako da nas zaboravi, srdila se mama. Ista ruka, hemijska olovka, plava mina koja ne ostavlja mrlje. Cupkao sam od ushićenja u kujni, ali me mama stišavala da ne čuje tata. Seli smo na tabure, da natenane prostudiramo celu stvar. Markice sa američkom zastavom obojene jarkim bojama. Koštale su dolar i po – sabrasmo! Odakle im pare, zaprepasti se mama. Iznad kaligrafskog rukopisa pročitao sam, slovo po slovo: „Whitneu Hall Chico State College, Chico, California". Stigao je u Kaliforniju?, kriknu mama i smesta zapuši usta krpom za brisanje sudova, da je ćale ne čuje. Zaplaka. Nešto joj nije bilo po volji.

– „College" znači koledž, a to ti je fakultet – preveo sam joj, u nadi da će je to povratiti. – Možda je Marius ta-

mo dospeo na fakultet, a ova je zgrada verovatno fakultet. Osmospratnica. Eto, kao i naša!
— Šta će on tamo da radi na fakultetu? Zar ovde već nije jedan završio? Da mi je znati ko li ga je poslao baš u tu Kalofirniju?
— Možda je dobio stipendiju za specijalizaciju u domenu mehanike ili u izgradnji brodova? Ili su ga možda zaposlili kao profesora. Ili piše doktorat...
— Ne nerviraj me tim glupostima — preseče me mama.
— Da bar piše šta tamo radi, šta jede, gde spava, ima li para... mirno bih spavala. Ovako, moram da slušam sve te tvoje koještarije, može biti da je tako a možda je i drugačije. Što nije bio jasniji? Kako ga nije sramota?! Tolike godine ni red da napiše! Setio se da ima majku tek na aerodromu: mama, odoh ja! Čime sam jadna zgrešila Bogu da mi se sin tako ponaša?! Kao prema tuđincu!
— Odsad će nam češće pisati, videćeš! Svakog dana ću zavirivati u poštansko sanduče.
— Samo se ti nadaj!
Našla je razglednicu u hotelu, u sobi 21, pod krevetom. Metlom je prošla tuda da bi dohvatila jednu odbačenu paklicu cigara „Karpati" i — otkrila je razglednicu! Pomislila je da je možda to neko u šali fotografisao našu zgradu, vidi kakava lepa slika! Okrenula je poleđinu i odmah prepoznala Mariusov rukopis. Jedino mu je ona u osnovnoj školi kontrolisala sveske, da budu uredne, bez groznih mrlja od mastila, bez savijenih stranica. Kasnije, imala je poverenja, krala je jedino odlikaška svedočanstva na kraju godine. Metla joj je momentano ispala iz ruke kad je pročitala: „Grlim vas, sa ljubavlju, odavde, preko Okeana!" Okean sa velikim slovom! Potpis: Marius. Osetila je da je noge ne drže. Ipak je kao vihor dotrčala kući, ostavivši đubre, posao, sve...
— Biće veliki belaj ako je pokažemo tati. Opet će Marius pisati, je l' da? I sve ćemo saznati: i šta radi, i kako mu je tamo, i gde spava... Ali šta će mu još jedan fakultet? Još izgubljenih godina, još para! Da mi je znati ko mu to plaća? Nemoj ni sestri reći! Bog zna gde ona luta umesto da se prihvati knjige, pa da je vidim sa diplomom, da sama za sebe ume lepo da zarađuje... Mama duboko uzdahnu, sakrivši razglednicu pod stolnjak.

– Staviću je ovde; samo da je matori ne namiriše! Kad on zaspi, možeš da dođeš da je gledaš i čitaš do mile volje – jako je lepa! Idem da ribam, ostali su mi neki čaršavi u kadi potopljeni još juče!

U sobi sam bezuspešno pokušavao da prelistam kupljene časopise. Ni red o Kaliforniji! U drugoj sobi, ćale je pratio TV program. Vratio sam se u kujnu i zadigao stolnjak... Osmospratnica se činila višom od naše. Na parkingu sam izbrojao četrnaest čistih i blistavih automobila. Sigurno su to kola tamošnjih profesora. Fotograf je verovatno seo dalje od ulaza u zgradu, na ošišani travnjak, nekoliko koraka od ivičnjaka. Nije uhvatio nijednu osobu u kadru. Zgrada je bila od crvene opeke i nije imala nijedan otvoreni prozor. Bio je, znači, čas kad su svi studenti pratili kurseve, oni ne beže sa časova jer to nije u njihovom interesu, moraju inače plaćati grdne takse! Žvaću gume i gutaju ono što im profesori jasno govore, s pažnjom i strpljenjem. I profesori se trude, da ne ostanu bez posla! Možda i Marius sad žvaće. Pomno sve zapisuje, ne ispušta ni jednu jedinu reč, da i tamo isprednjači!

– Gde ti je mater, a?

– U kupatilu, pere – odgovori rukom paralizovanom na razglednici.

– Opet nam curi sa plafona – *prosu* ćale, a potom *iskapi* šolju vode sa česme.

Nije primetio razglednicu. Pre no što se vrati u trpezariju, svom televizoru, ja je ćušnuh nekako pod stolnjak.

Spusti se na krevet, s nogama ispruženim preko stolice; njegova omiljena pozicija. Počela je emisija „Aktuelnosti iz poljoprivrede". Počela je berba kukuruza u okrugu Jalomica. Mrlja sa tavanice pocrnela je i porasla kao košarkaška lopta. Nije kapalo. Vratih se u svoju sobu. Popuših jednu i i potražih Kaliforniju na kućnom globusu sa odlepljenim polovima. Bila je velika ta Kalifornija.

Gospodina Remusa sam zatekao na recepciji hotela. Spremao je listu predato-primljeno. Noćna smena mu je kasnila. Pozvao me je da sednem kraj njega, poslužio me već načetom kafom, svojski usredsređen nad zapisnikom. U hodniku se jako osećao „Petrosin". Mama je oprala sve prozore sa ulaza, očistila zeleni tepih staklom oštećen na pragu. Ispod zapisnika koji je bistrio gosn Remus bio je još jedan – sa popisom i pregledom soba. Starac žurno potpisa, srknu kafu i pripali. Sad je imao vremena za mene.

Druga pretnja ga je uplašila. Nije bio Mađar, nije imao prijatelje ili rodbinu u Mađarskoj, bio je nevin! Potražio je, ipak, u adresaru mađarske porodice u varoši i našao je da ih ima četiri. Nazvao je jednu, zvonio je u prazno – bez umirujućeg rezultata: Mađari su inače stanovali podalje od naše zgrade. Znači, zabuna je isključena. Čak je i bio kod njihove kuće. Imali su sina studenta i ćerku srednjoškolku. Ispričao mu je sadržaj pretnje i interesovao se otkad žive u varoši, da li su i sami primali takve gluposti. Ne, nikad ništa slično! Mađar, glava porodice bio je majstor u Brodogradilištu, doselio se u varoš pre dvadeset godina, u kući su govorili mađarski i ne sećaju se da su imali ni najmanji sukob ili nesporazum sa komšilukom ili kolegama sa posla. Nisu pogrešno izgovarali rumunske reči, odmah je *registrovao* gosn Remus. Čak su ga i na ručak pozvali! Da je pretnja njima upućena, tvrdio je Mađar, moralo bi da ovako stoji. „Smrdljive Mađarčine, ruke ćemo vam polomiti!" Znači, množina. Ali, ipak bila je tu jedna protivurečnost koja bode u oči: Mađar je dobro zarađivao, zato se nije vratio u svoju rodnu Hargitu, bio je vredan i uvažavan, tako da nije video razlog da ga neko nazove „smrdljivi". A ti si sam, *uskoči* i Mađarica na šta gosn Remus poskoči. Sam, znači! Na kraju ručka, matori ih je pitao šta misle o Erdelju – čiji je zapravo? Mađar se mirno podigao od stola i zatražio od žene da mu spakuje porciju u torbu, već kasni na posao.

– Nisu, valjda, pomislili da sam provokator?
– Jesu!

Gosn Remus uzdahnu i obrisa čelo. Nije se ipak mirio sa sudbinom. Već je poslao pismo Zajednici Jevreja u Rumuniji gde je tražio dokaze, poricanje ili tako nešto, ali službeno: da se iz aviona razume da nije Jevrejin! Zamolio je rabina da to istakne i u nastupu na TV kao i da bude javno obelodanjeno u centralnim novinama. Sa Mađarima je nameravao da na isti način postupi. Pisaće DSMR-u. Da njihova partija negira njega i u Parlamentu, ako je moguće, on nije Mađar, bez rodbine je tamo, nije srodne ćudi, ne zarezuje politiku...

– A kako se ti osećaš – upita me matorac, nakon što me je detaljno uputio u svoje namere.

– Nikada nisam pledirao na Vašu diskretnost, ali sada imam jedan problem i ne znam kako da počnem...
– Loše si počeo! Ne izdajem sobe građanima varoši!
– Platiću duplo!
Gosn Remus izvadi maramicu iz džepa i istrese nos. Trik – samo da bi izbegao moj pogled.
– Ne mogu, žalim! Stvarno ne mogu! Otkad sam ovde, nisam tako nešto dopustio. Zbog takvih sam stvari ovde mnoge otpuštao. Tvoja keva me zna, što je nisi pitao? Ovaj objekat mora biti čist!
– Platiću trostruko!
– Neću ti je dati ni za deset hiljada dolara. Dođavola! Mlad si, odvedi je na plažu, još je lepo vreme, pesak je topao, treba li ja da te učim?! Ako je nevina, ostaće sa prelepim uspomenama. Verovatno nije...
– Ali nije reč o tome...
Recepcionar se namrgodi.
– Hoću da napišem knjigu i treba mi apsolutni mir.
– Prijatelju, ti me vređaš lažima... Meni se sviđaju rafinirane laži. U životu sam ih se naslušao. Tvoja je najžalosnija. Hoćeš da napišeš knjigu preko noći? Pa ko misliš da si – Mocart?
– Pokušao bih, ali mi vi ne dopuštate!
– Zato što lažeš!
– I Vi, lažete! Ovamo ste duhovnik, bez mrlje, oaza čistote, a cela varoš bruji da sobe nudite za dolare švercerima. Nije li tako? Kako imate petlju da kažete da je hotel čistilište kad i vrapci znaju da je prava zvanična javna kuća varoši?
– Vređaš me, drugar!
– Ne vređam Vas, ali imam potrebu...
– Sa kojom? Sa Kristinom?
– Ni sa jednom!
– Ta devojka nije za tebe. Pogledaj se na šta ličiš? Kristina ima potrebu za jakim, pravim i zrelim muškarcem. Šta će ona sa tobom?! Bolestan, siromašan... Pametan si, ali ni ona nije bez pameti! Misliš li da si u stanju da se staraš o takvoj devojci?
Čilager odmahnu rukom. Pripali. Bio je uznemiren i nervozno je pušio. Popio je i poslednju kap kafe. Glasno mljacnu.

– Kažete da lažem! Okej! Ja ću vam argumentima pokazati da se džabe kunete. Prošle noći jedina zauzeta soba u hotelu bila je broj 21. Niste je upisali u Zapisnik zato što je privilegovano gnezdo. Šta bi bilo da odem do milicije? Prava javna kuća! Imam svedoke, gosn Remuse!

Starac požute, kao da je odjednom teško oboleo. Pokuša da se nasmeje, tek tako, bezrazložno sasvim.

– Trabunjaš, dobio si sunčanicu! Koji svedoci – koji bakrači, magre jedno! U mom hotelu ne postoji soba 21. U celom hotelu dvadeset je soba. Deset u prizemlju i deset na spratu. Ako postoji, dajem ti je džabe! Šta 'oćeš? Da ti dam sobu 21. Evo, druškane, pogledaj – energično, pun sebe, otvori Zapisnik. – Vidiš li negde sobu 21? Dobro pogledaj. To da postoje tri pomoćne prostorije, to je druga priča! Ne bih se usudio da dam ključ jednom klijentu da spava među krpama i kantama tvoje majke! Moje je da savesno obavljam svoj posao...

– Gosn Remuse, moja sestra živi sa Vama? Zašto je ona tu?

– Tvoja laž me podmlađuje trideset godina. Ko te je poslao da mi sve ovo saspeš, a?

– Zašto je ne ostavite već jednom na miru? Kome želite da se osvetite? Mami? Ali zar Vaša mama ne radi u hotelu?

– Između mene i tvoje sestre nije ništa ozbiljno! Kapiraš – viknu kao oparen. – Dabogda me iskasapili u mesarnici ako lažem! Mislio sam da si pametniji, međutim... ti si kao i ostali. Sviđa mi se tvoja sestra, i Marius mi se dopada, voleo bih da sam ih imao kao decu! Ali, šta je – tu je: nisam bio takve sreće! Svet zavidan trabunja a ti poverovao u sve te gluposti! Ličiš na svog oca, moraš biti streljan!

– Moj otac zaslužuje da bude streljan?!

– Ma šta ja znam! U stvari – primiri se starac naglo – i ja sam van sebe, povučen tvojim glupostima, i sam. Iznervirao si me!

Smena: mladić, zaposlen pre nekoliko meseci, pojavi se pred nama, izvinjavajući se zbog zakašnjenja. Matori me zamoli da ga sačekam na terasi. Zvezdano nebo bilo je najomiljenija Mariusova slika. Kad bi video zvezdu padalicu zvao bi nas da vidimo; samo je mama žurila da mu učini po volji. Mesto u moru gde pada – objašnjavao bi Marius – odlikaš sa loše prikrivenom arogancijom, oslobođeno je od vode zahvaljujući temperaturi padajuće zvezde. Razmena toplote između užarene padalice i vode vodi do podizanja dvorca od kamenja opasanog vodama! Mama se slatko smejala, kako možeš tako da fantaziraš?! Hemijskim reakcijama se podiže, ne razumete vi to bez obzira koliko vam to objašnjavao, ozbiljno se ljutio, kočoperan, a mama se kikotala... Nakon što je Marius šmugnuo, njegova odeća muvala se mesecima po šifonjeru. Čekali smo da se vrati; kasnije je iščezla. Mama mi je priznala da mu je sve poslala vozom iz Bukurešta. Zatražio ih je bio preko nekog mladića, verovatno neki njegov pajtaš. „Sve je to gospodin Hermeneanu na buvljaku dao ispod ruke!", pronosila je šapatom g-đica Puša.

– Izbrojao sam na nebu pedeset zvezda. Nijednu više niti manje.

Gosn Remus krenu kući.

– Vidite, ima pedeset zvezda!

– Kao na američkoj zastavi – odvratio mi je bez entuzijazma. Zamolio me je da mu pravim društvo. Noge su me bolele od tabananja, ali prihvatih. U ćutanju prođosmo plažu, a potom, na bulevaru, matorac primeti da se sprema nevreme...

– Jeste li videli Mariusovu razglednicu? Zar Vam je mama nije pokazala? Izgleda da je zaglavio u nekom koledžu u Kaliforniji. Okrenu glavu i trepnu brzo, hladan kao da sam mu rekao: jesen je stigla! Potraži paklicu cigareta u plitkim džepovima odela, ali ih je očito zaboravio u hotelu.

– Baš lepo. Nije vas zaboravio. A šta ćale kaže na sve to?

– Hoćete li mi već jednom reći šta je između Vas i mog oca: zašto ne pričate, zašto se ne pozdravljate, zašto se izbegavate?

– Nema tu šta više da se objašnjava.

– Zašto ga onda pominjete? Znači da vas nešto ipak muči? Šta Vama znači tatina reakcija?

– Zato što je Marius u Americi. I srećan sam zbog njega – sin je komuniste! Da li ćeš se ti sećati mene?

– Ne razumem. Zašto?

Gosn Remus se melanholično isceri.

– Moraš sebi da oduzmeš nadu u ovaj ovde svet, zato što će sledeći znak od Mariusa biti poziv za Ameriku. Vi ste takoreći njegova porodica! Ili ono što je od nje ostalo! Tamo vi Mariusu niste potrebni. Ali je on vama više nego potreban, bez obzira gde je i šta vam ružno dotle učinio. Vaša drama nije što živite ovde kako već živite, nego u činjenici da čekate kao ozebao sunce jednog čoveka koji vas voli a vi to ne osećate. Živite u iluziji da će se on srećno vratiti, da će vas zagrliti i ispričati vam ponešto da biste vi sutra mogli njega po dobru spominjati, prikrivajući nemoć i osrednjost, neispunjenja i kajanja. Šta vi znate o svetu u koji je on dospeo? Ništa! Ali vas to i ne zanima, čak i kad bi vam odsad redovno pisao. Samo čekanje vam odgovara, ćebe pod kojim skrivate svoju nemoć. Međutim, kad primite Mariusov poziv, čekanje će se izroditi u pobunu. Pobuna će se pretvoriti u paniku. Ako stignete tamo, u vašoj osrednjosti čeznućete za onim što ste ovde doživeli i draćete se na sav glas: „Uželeli smo se kuće!" Sloboda će za vas biti teret!

– Možda će i Vas pozvati!

– Nije isključeno, mada za mnom nema potrebe! Pozvaće me samo da mi pokaže svoj novi svet, da se raduje kako ga u mom društvu otkriva. Neću otići.

– Zašto? Plašite se slobode?

– Zašto da idem u Ameriku kad je Amerika ovde? – Pokaza mi glavu. – Dosta sam u životu propatio zbog toga što sam je ovde držao, zatvorenu! Najveći je moj uspeh što sam uspeo da preživim u jednoj zatvorenoj zemlji, držeći u svojoj glavi drugu zatvorenu zemlju... Da nisam tako živeo, sigurno bih se odavno ubio.

Ustavi se pred kapijom i zabrinut pogleda loše ulično osvetljenje. Samo je ja trebalo da čujem njegovu tajnu. Zahvali mi se kratko i uđe u dvorište. Sačekao sam na kapiji dok se svetlo pojavilo u njegovoj kući, a onda sam opičio prema centru. Gosn Remus je očito bio u pravu, toplina leta se gasila.

Ulice su bile puste. Na raskršću, u centru varoši, narednik Postolake smireno je stražario snimajući čas jedan čas drugi trotoar. Tek je stigao u smenu. Nameravao sam samo da mu se javim pa da produžim, kad me milicajac ustavi, upitavši me koliko je sati. Ponoć beše prošla. Zatraži mi cigaretu i šibicu. Plamen palidrvca otkrio je umorno lice. I prsti su mu drhtali. Nasloni se na kontejner, sakrivajući nešto iza leđa. Kao da me zadržava na saslušavanje. Najpre me je ozbiljnim glasom upozorio da prelazim preko ulica na zeleno. Ima previše ludaka u našoj varoši koji jure kao sumanuti, ne vodeći računa o propisima... Dadoh mu za pravo. A policajci su dužni, uveravao me je, da pronađu te ludake itd., on, Grigore Postolake, prihvatio bi se drugog posla, da ne stoji ovde kao slepi miš! U drugim zemljama – pogleda cigaretu prema škiljavom svetlu fenjera – milicija ima specijalan status. Znaš to, zar ne? Ili, rečeno ti je, ne? Klimnuh glavom. Ako kojim čudom dospem u drugu zemlju, recimo u Ameriku, tamo bih sigurno bio neko, a? Velika plata, plus za noćni rad, pancir, pištoljčina... Pa zar da ne radiš svoj posao ljudski? Naravno! Tužno je zaključio da nisam baš oran za razgovor. Još jednom mi je preporučio da se dobro čuvam na pešačkim prelazima, da vodim računa o svetlu... jer noć je puna ludaka koji voze; neće imati milosti za njih! Sve će ih potrpati u ćuzu, sa dokazima, sve po propisu, da vide oni šta još znači rumunski milicajac! Pružio sam mu paklicu, da uzme još jednu. Odbi, zaokupljen idejama koje treba da mi *usadi*. Svake noći ludaci divljaju. Pre dve-tri noći, nagomilali se u dvoje-troje kola pa jure li jure ulicama. Kad bi to bilo sve! Sirene pritisnu do daske, da skreneš s pameti a kamoli da spavaš... kršeći odredbe krivičnog zakonika, član 241; konzumiraju enormne količine alkohola za volanom, pevaju, znači urlaju; terorišu varoš, jednom reči. Kako da ih zaustavim? Nemam pomoćnike, plata jadna, šefovi nisu nadležni, nemam čime. Kako da ih pohvatam na delu? Ni svedoka nije lako pridobiti. Jenostavno, ovi ludaci me gotovo ne zarezuju ni za... Imam samo dve mogućnosti: ili da pišem Interpolu, ali ovo traži puno rada, ili da sam postupim, što je vrlo riskantno za tako bednu platu! Ja sam odavno gledao jedan ruski film u bioskopu, *razvezao je narednik*, gde su se scenarista i režiser gorko zezali na račun jednog milicionera, sporedna uloga u filmu, što se neprestano mučio da savlada donekle engleski. I svi u sali su se otvoreno podsmevali milicajcu; još gore: glavna ličnost (neki promašeni tip – pisac) na kraju gine u saobraćajnoj nesreći. Čuj! Samo sam se ja slatko smejao dok je sala ćutala kao zalivena. Zapravo, bilo koliko da se podsmevaš uniformisanom licu, moraš da ga poštuješ. A oni koji se najviše rugaju ste vi, umetnici! Vi nas gledate sa visine, kao da ste vi besmrtni! Ali život vam to ne prašta pa vas pićem pomori. Šta? Ja ne bih mogao da se bacim na engleski?! Taj film ostavio mi je zarez u mozgu! Međutim, živnuo je narednik, ako zanemarimo tu stvarčicu sa učenjem, moram da nađem nekoga da mi prevede pismo Interpolu na engleski. Finansijski napor. Nema veze, ionako ne ležim na parama! Zatim, moram da platim i na pošti – pismo za Ameriku – i oni imaju neku prestonicu, moraš sve precizno da navedeš... Ti to bolje znaš! Prođe i neko vreme dok pismo stigne. Možda ću pokušati telefonski, makar da proverim da li je lepo stiglo! Ako je stiglo, moram sačekati da se ispune formalnosti saradnje s našim organima... Znači, i ova varijanta traje dok pohvatam te manijake. I na čemu sam? Sa priznanicom na kojoj piše pošiljac: naradnik Grigore Postolake, Rumunija, i primalac: Interpol, Amerika. Da je uramim, da joj se divim pre spavanja! Druga varijanta je mnogo delikatnija. Kao što ti rekoh – radim sam samcit! Skupim sve kontejnere, stolove i stolice sa terasa i iz restoranskih bašti, šipke i stubove i, kad se ulice počnu prazniti, postavim barikade na mračnim mestima. Mogu da ti u pola noći nacrtam kartu postavljenih barikada... I – držim sve pod kontrolom. Nemoguće je da ne nabasaju bar u jednu od mojih ulica sa klopkom! I kad uđu u zamku, buf – naduvao je blede obraze – džinovska vrata, pravi požar, možda ću nabaviti jednom i kameru da to snimim, da ostane... Biće to moja najlepša *misija!* Lupi pesnicom o kontejner. Biće moja pobeda izvojevana nad organizovanom bandom ludaka! I udari još jednom što je mogao jače. Nemoj se plašiti, tvoja je sestra obično u drugom ili trećem autu, na mrtvačkom mestu. Izvući će se jer je Bobi šofer-vidra! Cilj mi je da prva kola eksplodiraju, da na smrt prepadnu one koji su pretekli katastrofu! Ova mi se varijanta čini neprevaziđenom, zato što su barikade uvek dolazile glave ludacima! A, šta kažeš?

– Bićete unapređeni.

– Ne! Ne! – branio se narednik podignutim rukama. – Varijantu sa barikadama primenjujem bez znanja i saglasnosti mojih šefova. Njih je pregazila moderna tehnika i garantujem da ne bi bili za. Ja se borim za red i slobodu u ovoj varoši – viknu srećni cajac i jedno kuče skitnica koje ko zna odakle iskrse poče da laje na nas sa same raskrsnice.

Cajko mi zatraži još jednu. Pružih mu paklicu i on uze dve. Džukela lanu još nekoliko puta a zatim se smiri iza nekog kontejnera. Tek tada primetih da su trotoari oko raskrsnice „opremljeni" sa po tri-četiri kontejnera, na razmacima, da ne bi bilo previše upadljivo. Mnogi kontejneri bili su puni, razlog koji je verovatno džukelu smirio. I Grigore Postolake se oslanjao o jedan i verovatno je u fascikli imao kartu barikada. I ove noći dripci će pretvoriti ulice u relijske staze. Oprezno sam pogledo oko sebe, sa glupom pomisli da otkrijem neku torbu sa video-kamerom. Narednik je, zahvalan, pušio. Možda je čak kameru sakrio iza kontejnera uz koji se prilepio.

– Već je kasno, gospodine naredniče. Moram da idem. Ostavljam vas...

– Dobro, kad si navalio! Pazi na prelazima jer ludaci niti gledaju semafore niti biraju...

U prvoj ulici, nedaleko od raskrsnice, semafor je radio. Cajkan me je i dalje gledao oslonjen o svoj kontejner. Žurio sam iz straha od kontejnerima „naoružane" raskrsnice. Tamo gde sam dospeo bilo je posve pusto. Ipak, osećao sam se kao da su svi kontejneri sa raskrsnice krenuli za mnom, prateći me u stopu, a u svakom od njih po jedan cajkan: on je Lujzin brat, ne gubite ga iz vida, odvešće nas u razbojničko skrovište!

Lujza inače nije svraćala kući otkad su se Rusi povukli. Na izlasku iz sporedne ulice koja se ulivala u bulevar zastadoh da zakopčam sandalu. Osvrnuh se. Niko. Udarih desno, sredinom ulice; jedino osvetljenje – škiljavi neon iz izloga u prizemlju zgrada. Prepoznah knjižaru gde je Marius satima gutao knjige koje nije imao za šta da kupi. Sada, Marius čita u drugoj knjižari... Takva misao učini mi se smešnom kao onda kad sam tražio Lujzine divljake. Obično su se skupljali u „Arhitekturi", baru opremljenom u podrumu najekskluzivnijeg restorana u varoši. Pred restoranom dežurni šverceri su prodavali američke cigrete, štiteći makroe od policijskih ataka. U „Arhitekturi" su kovani planovi. Nikad moja noga nije kročila tamo. G-đica Puša bila je informisana o atmosferi: „Mali stolovi i stolice svi sede pogrbljeni, pognuti i piju kafe i drogu, puše ko Turci, muzika trešti a oni ćute. Kao da su gluvonemi!"

Restoran je bio zatvoren, parking prazan. Nikakva muzika nije dopirala. Nesnosno me je bolela glava, pucala je a ja sam se znojio. Restoran je bio *uguran* između dve uspavane zgrade. Jedan limeni natpis, prikačen o zid susedne zgrade, pokazivao je ulaz u „Arhitekturu", kroz mračan prolaz. I ako je Lujza ovde, šta da joj kažem? Da dođe kući, da ne ulazi u kola tih *obešenjaka,* da napusti Bobija ako joj je iole stalo do života! Zajebavaće me pred svima, jedva čeka. Ušao sam u *tamni rukavac* i sa nekoliko koraka, razaznah da iz zgrade izbija neko slabo svetlo. Pažljivo kao da gazim po jajima! Nastojao sam da izbegnem flašu ili šta drugo što bi moglo izazvati buku. Smrdelo je – mokraća! Učinilo mi se da me neko čeka na samom kraju prolaza. Htedoh da viknem, da mi neznanac pruži ruku, da se ne skrham. Primičem se – svetlost biva jača! Zidovi zgrade i restorana bili su iškrabani – pisalo je sve i svašta! Prolaz se dalje nastavljao prema dvorištu, zaštićenom visokom limenom ogradom. A tamo: gajbe od flaša,. polomljene flaše, prazne kutije... Iznad je svetleo neon, montiran na jednoj žici postavljenoj po dvorišnoj dijagonali. Podseti me, ne znam zašto, na salamu stavljenu da se suši. Nisam dosad sreo takvu improvizaciju! Poznati zvuk me prenu: neki tip je mokrio uz kontejner. Marius, kriknuh ali zvuk električne gitare odmah iza vrata, na nekoliko koračaja od kontejnera, nadjača me. Marius! U farmericama, trzajući se kao da nema vremena da se ljudski olakša. U žutoj majici koja mu je otkrivala kratko podšišan potiljak (uvek se kratko šišao!). Mariuse, iznova viknuh. Čovek se okrenu. Klimnuh glavom. Na žutoj majici je krupnim stajalo TEKSAS. Bio je viši i jači od Mariusa. Ragbista na zalasku karijere, preplanuo, krupan, sklon gojenju. Zaroni ruke u džepove farmerica, podešavajući... Pljunu u stranu.

– Koga tražiš?
– Ja sam Lujzin brat.

Moj ga je odgovor umirio. Otvorio je vrata, ušavši zalupio ih je za sobom. Ostao sam nepomičan. Urnebesan ritam gitare je „izvirao" ispod mojih stopala. Bolje bi bilo da sam zamolio tipčinu da kaže Lujzi da je čekam napolju. Ako uđem biće suviše upadljivo, fiksiraće me pogledima – zbuniće se. Ali bilo je neophodno da razgovaram sa Lujzom.

Odškrinuh vrata. Male i prljave stepenice poput uvijene opruge vodile su naniže – u bar. Memla, buđ... Zidovi hodničića bili su ispisani imenima grupa i drugim glupostima. „Arhitektura" nije bila veća od Duganove „Sirene". Za dugačkim drvenim stolom, pogrbljeni na niskim stolicama prisutni su slušali prodorne akorde gitariste koji se popeo na stolicu, kraj suprotnog zida. Pored, zvučnici visoki kao frižideri – muzički stub. Gitarista je ličio na ragbistu, samo što je ovaj bio u crvenoj majici pripijenoj uz telo. Sa bradom na grudima cimao se teško prateći ritam. Disharmonično Kristina bi to, stručnije i lepše objasnila... Lujza nije bila za stolom. Ni Kristina. Šverceri, lako se prepoznaju: obučeni u crna široka odela, sa kravatama. Rokeri su Bobijeva kopija. Ni njega nije bilo. Mini-suknjice se muvahu među njima. Svi su slušali muziku, pomno. Kao da sam ušao u muzej ili crkvu! Čak su i golemi oblaci dima ukočeno stajali sudareni sa jakim svetlom sijalice pod abažurom. Barmen je bio nevidljiv ali je svako imao pred sobom bar po dve-tri čaše. Ragbista je sedeo leđima okrenut gitaristi. Dade mi znak da sednem pored njega. Bile su tri slobodne stolice. Niko me nije posmatrao, niko nije piljio u mene. Sedeli su nepomični kao mumije. Devojke su bile jako našminkane, sa čupavom kosom puštenom niz vrat. Ruke su im bile u lančićima različitih veličina. Pušile su bele dugačke mirišljave cigarete. Pripalih cigaretu i okrenuh se mučeniku sa stolice koji je davao znake umora. Slušaoci nisu brinuli o kvalitetu muzike. Pepeljare, plastični tanjirići – groblje pikavaca. Razumljivo je što je otišla – Lujzi se ne bi svidela ova glupost! Kad bi gitarista *skliznuo* sa stolice koncert bi se završio i mogao bih da pitam ragbistu gde mi je sestra. Tip je pušio zureći u čašu sa votkom. Sa moje leve strane, dve prazne stolice dalje, kratko ošišana devojka, dugonoga, pušila je kao i ostale *mumije*. G-đica Puša je imala pravo. Gubio sam vreme! Pokušao sam da zavirim malo u časopise ali mi je buka raspršivala reči. Degenerik-muzičar, na izmaku snaga, tvrdoglavo je pokušavao da privede pesmu kraju. Znojav, drhtao je kao prut. Samo je pognuta glava ostala nepomična, kao da je našla neki čudan – nevidljivi oslonac. Hrabrila ga je rea-

kcija okoline. Cimao je kao sumanut žice gitare, njegov napor potpomagali su džinovski zvučnici.
Gde li je naučio *ovo* da svira? Sigurno ne na horu. Prvi glas, drugi glas... đaci po troje-četvoro u klupi, nećemo otvoriti prozor da nas ne ištipa mraz, ajmo još jedanput, malo živahnije – da se zagrejemo, ko pogreši ide na popravni, bezobrazniče kud zevaš, šta da ti radim, da te izbacim iz škole, zvaću roditelje, da, nesrećniče, zvaću ih, šta mislite da je ova pesma bila zabranjena, pitajte roditelje, ko je pevao pedeset sedme bio je zbrisan, vi u slobodi sad možete da je pevate do... čuješ li, bre, ti? slobodan si da pevaš zahvaljujući partiji, ali ako si nitkov i podsmevaš se pesmi, našem radu, za tri dana je priredba, videćemo ko je... svi sutra da dođu u pionirskim odelima, da niko ni slučajno ne izostane, nije vam ovo crkva, ona je vekovima čoveka držala u lancima, bila je sredstvo koje su bogati koristili da pokore sirotinju raju i slabe i nejake, sećate se šta je sve uradila španska inkvizicija da bi na kraju zdrav razum pobedio, ne postoji Bog, ljudi su već stigli na Mesec a već koliko sutra, podvlačim: Bog ne postoji! sutra stižemo na Mars a od Boga ni traga ni glasa! nauka je objasnila pojavu života na zemlji, Bog nije *kreirao* čoveka – nastali smo od majmuna, vera je gusta magla, opijum zaglupljenih i namamljenih siromaha, ko se vratio sa onog sveta?... Sveska sa referatima za kružok naučnog ateizma da bude sutra gotova, ko ide na ovaj kružok ima besplatno logorovanje, kažite roditeljima da je besplatno...
– Mrdneš li, odseći ću ti nos, trže me iz polusna glas ragbiste.
Pretnju mi je uputio razdravši mi se na uvo. Zatim se vratio votki i cigareti. Prostorija je *plivala* u dimu a *tonula* u tišini. Muzika je potpuno prestala. Degenerisani rokmuzičar držao je gitaru kao pušku bez metka. A kako je sedeo – postojala je opasnost da svakog časa brepi sa stolice. Odjednom diže pogled ka nama. Unakaženo lice, oči izbuljene od napora, iskošena usta, vratne žile izbačene. Rugoba – nisam više mogao disati i gledati! Podigao je gitaru iznad glave i – kao da nešto čeka! Možda nekakav tajni znak ili bar zviždo. Ali ne bi ništa od toga. Zujanje stuba je najavilo nesreću. Kratko kriknu i raspali gitarom o stolicu pod sobom rušeći se preko zvučnika. Naglo se

pridiže, hitro prihvati gitaru koja je odskočila nasred prostorije pa je iznova podiže. Više nije oklevao! Zviznu je o betonski pod bara. Iverje se razlete na sve strane. Jedan me komadić ošinu po vratu. Za stolom nikakav pokret, iako je roker malo čas kriknuo. Samo su cigare gorele. Pade na kolena, sa hvatištem od gitare u rukama. Kao da je prtio reakciju, bilo kakvu i najmanju promenu. Ovi su pušili – nepomični, kao ukopani! Bacio je hvatište na korak od stola. „Nemoj da si mrdnuo!" Roker se sruši na pod i poče da se smeje, kroz suze. Devojka *iz susedstva* pruži čašu jednom šverceru, ovaj joj nali votke iz boce sa ruskom etiketom. Ovlažila je usne i vratila se onom što se prućio po podu.

Začu se šuškanje na drugoj strani stola. Idioti imaju i kuče?! Verno će izaći i polizati okrvavljenu ruku gitariste... Kad: ispod stola *izronio* je Čaušesku. Vukao se uz pomoć gvozdenog štapa u rukama. Mlatarao je glavom, sa bolesnim očima uperenim ka hvatištu. Brzo stiže do gitariste i poče glavu da češe o dupe palog tipa. Ovaj je i dalje plakao mešajući suze i smeh. Cvileo je i bogalj dok se kričeći ne dočepa hvatišta. Uhvati ga i stade da ga pomno razgleda, a potom ga poput pseta zgrabi i uteče iza zvučnika. Kao da onima za stolom laknu: nališe čaše gotovo istovremeno, potegoše cigare, neko se kratko nasmeja, jedna crvenokosa mini-suknjica mu se rugala, jedan švercer ustade i sede do jednog rokera, naže se i stade da mu nešto šapuće. Ragbista prestade da bulji u čašu.

– Mislio je da ćemo svi skočiti na njegovo hvatište, da ćemo se potući zbog njega. To vreme je prošlo. Mi smo sa tim raščistili... Ja sam im predložio da se *popišam* na to *usrano* hvatište, ali izabrali su varijantu Karađale. Da li ti se dopalo? Hladnokrvno smo ga izradili! Niko nije ni okom trepnuo. Pogledaj ih!

Gitarista više nije plakao, ali je i dalje ležao na betonskom podu, s licem u šakama.

– Neko bi trebalo da pazi na njega. Pevao je za vas.
– Pevao je za Karađalea. Zar nisi ukapirao?!
– Ko je Karađale?
– Onaj – pokaza na zvučnik iza koga se sakrio bogalj. Karađale je naš pajtos.
– Zašto ga zovete Karađale?

Pogleda me gotovo očinski, pipnuvši debelim prstom časopise na mojim kolenima.
- Džabe čitaš ove stvari! Ti si Lujzin burazer, je li?! Imali ste sreće koliko ste teški. Za godinu dana, završićete u Americi. Nas koji ostajemo filosofija će držati site i napojene. Tako smo naviknuti. I kad smo potrebni gurnuti smo napred, na Univerzitetski trg. I kad tražimo svoja prava, mašu nam pred nosom da nije po zakonu i Ustavu. Ja nisam ženjen i ne verujem da ću ikad učiniti takvu glupost! Ni devojku nemam. Ali ponekad mislim da moja žena, prosto rečeno moja žena, ona koja bi trebalo da me učini srećnim, tako, ne nalazi se u ovoj usranoj zemlji, nego je baš u Kaliforniji, u Čika...
- Marius vam se javio razglednicom? Dođe mi da mu pocepam majicu s natpisom TEKSAS, da je raskomadam...
- I to mi je nešto? Sve nas je zajebao. Zaslužujemo to, šta da se radi! Sve nas grli. Do kurca! Da nas sve grli?! Ne bi trebalo da mu praštamo ali predaleko je i boli ga dupe! Mi samo mlatimo praznu slamu! Međutim, kako da ja stignem do moje žene u Kaliforniji? Nikako. Imam li ja pravo na sreću?! Džabe – ne da mi se! Vidiš, idealizujem? Daljina i pare me kolju. Sreća, tu leži sve! Zašto se nisam tamo rodio? Reci, zašto se nisam tamo rodio? Zato što me Bog ovde bacio? Karađale je super. Njemu ne treba Bog i najsrećniji je u ovome *prdežu!* Mislio sam i sam jednom da se osakatim i da budem kao on, da konkurišem njegovoj sreći! Ah, nisam imao smelosti. Tvoj burazer se spasio, i vas će spasiti!

Oslonio se laktovima o sto. Dobro izbrijan obraz, debele kao ugojene pijavice obrve su se sastajale u korenu nosa tvoreći jednu neprekinutu liniju. Sa čašom na usnama gledao je devojku pored sebe, žgoljavku o čijem su vratu visila dva raznobojna đerdana. Žgoljavka ga nije zarezivala, nervozno je pušila.
- Reci mi, molim te, gde je Lujza?
- Otišla je da nabavi automobile, odgovori mi, zgađen, ragbista.

Žgoljavka razrogači oči modre od šminke. Njen sused, skoro mojih godina, neprestano je naklapao o tome kako je poslednji album „Metalike" super, zastade čuvši odgovor ragbiste. Zableja se u mene.

– Lujzin burazer – objasni im dasa.
*Štrkljavuša* pusti dim na nos namignuviši mi.
– Seja ti je mnogo slatka, krvava je! I Marius je pravi dasa. A ti si jedan papagaj.

Odgovor ragbiste na moje pitanje raščuo se za stolom izazvavši vatrene diskusije o automobilskim trkama, kao da je ta tema napokon bila provaljena ili zabranjena za diskusiju. Buka je rasla kao testo. Jedan švercer se podiže i javi da nudi listu s opkladama. Mini-suknjica sa moje leve strane ciknu, htela je prva da sedne za volan, da vozi bilo koja kola, bilo kud. Raspravljalo se o kolima, o ulicama gde će se trka odvijati, o brzini, o krivinama, o... nisam kapirao. Ragbista je bio izvan lavine koju je pokrenuo. Nepomično je sedeo s čašom na usnama. Svetlo se *stanjilo* a dim se *udebljao*. Iskapio je votku.

– Ako ti je zlo, videću sa Lujzom da te odbacimo kući.
– Nije to ništa.
– Super ćemo se provesti, videćeš! Kladio sam se sa jednim krelcem da će Lujza, Bobi i Kristina doneti Lančiju, Forda i Opela! Kapiraš li kakav sam ja idiot?! Zacenio se od smeha. Nakon opklade, lupao sam malo glavom o zidove. U ovoj usranoj varoši ne postoji makar šraf za Opel ili Lančiju. Baljezgam, pijan, zar ne? Ovo je Lujzina stolica, pokaza mi stolicu na kojoj sam već sedeo.

Prodoran krik, praćen žestokim zvižducima, pozdravi pojavu onih na koje se toliko čekalo. Štrklja je zviždala kao da je na lokalnom fudbalskom derbiju, sa prstima u ustima. Ragbista skoči na noge lagane i stade da aplaudira. Okrenuh se tad i ja. Bobi je stajao oslonjen o vrata, skrštenih ruku na grudima. Cerio se. Čekao je ovacije, kao kakav star. Opsova žestoko a zatim: gde ste dosad lutali? Da niste više mrdnuli? Kad se zvižduci primakoše usijanju, Bobi zauze svoje počasno mesto za stolom. Mini-suknjica sa moje leve strane smesta mu se obesi o vrat i poče da ga ljubi. To izazva buru oduševljenja: „Ua, uaaa!" Bobi je samo ispružio ruku a već mu jedan roker napuni čašu. Priđe i podiže ga.

– Dosta! Seremo se na demokratiju i slobodu – nazdravio je i iskapio svu votku.

Žgoljavka koja me je nazvala papagajem zviždala je i dalje ne čuvši šta je Bobi rekao. Ragbista izgubi ravnotežu, zinu od čuda. Auditorijum umuče. Čak se i gitarista

pridigao prateći pažljivo dalji razvoj situacije. Bobi se i dalje smešio. Glas koji ga je poslao u materinu sad je i pretio: ako se folira sve će mu zube na nos isterati dok kaže piksla!
– Doveli smo tenk. Ove noći krećemo tenkom na Sibir, naglašavao je Bobi svaku reč, ne trepnuvši.
Ragbista prvi jurnu ka vratima. Mini-suknjica koja je zasipala Bobija udari za njim. Ostali navališe ka izlazu. Krici, komešanje, glasovi, prevrtanje stolica. Ne zaboravimo votku, začu se nekakav piskavi glas. Bobi se izgubi negde pred stepeništem koje se uvijalo kao opruga. Među poslednjima iskočih i ja, sa časopisima pod miškom. Prošao sam kroz mračni hodnik pipajući zid. Prazan parking pred restoranom izazva val obeshrabrenja i razočaranja. Dreka i cika uminu. Bobi se pope na nekakvu tezgu koja je preko dana služila za prodaju novina. Kratkim zviždukom usmeri pažnju svih. Ovde sam! Jednu ruku držao je na leđima a drugu visoko uzdignutu. Tom rukom nam pokaza pravac posmatranja. Na kraju ulice, pred upaljenim fenjerom zaustavi se tenk. Zauzimao je celu širinu puta. Njegova cev zlokobno je gledala prema nama. Dve devojke su mahale sa haubice.
– Hej zvekani, šta ste kog vraga zinuli – viknu Lujza, izazvavši pravu zapanjenost u našim redovima.
Kristina ispusti jedno dugo „ha, ha!" kao da je palo među nas pravo đubre – pun pogodak! Svi potrčaše, poleteše zviždeći i podvriskujući. Jedna mini-suknjica se saplete i pade na blatnjav asfalt. Niko na to i ne obrati pažnju. Niko da joj pomogne. Ni ona sama nije tražila pomoć mada se svojski ugruvala. Kristina i Lujza se zatvoriše, proguta ih unutrašnjost tenka; poklopac se spusti za njima! Okružiše tenk, počeše da ga udaraju rukama i nogama, da ga pljuju... kao da nisu svojim očima verovali! Čelik Čiko! Ruski je, vraga, zar ne prepoznaješ naš model?! Bez broja, bez amblema. U, što je velik! Grdosija! Ala zaudara na benzin! Koliko li mu je tane? Koja cevčuga? Još je vruć! Odakle ste ga *mrdnuli?* Neprijatelji naroda, sabotirajte nacionalnu bezbednost! Ua, uaa! Jedna mini-suknjica uzverala se na tenk i počela da meša kukovima, pevušeći neku vrlo konfuznu ariju, ragbista je dlanom proveravao Čeličnog! Kao da je tapšao rasnog

konja. Što ima cevčugu, Boga ti poljubim! Siđi dole, skini se!
Nisam služio vojsku i prvi put u životu video sam tenk izbliza. Imao je gusenice *garnirane* blatom. Najednom, tenk se cimnu i pljunu oblak zagušljivog dima. Upališe se motori. Neko je urlikao tražeći da se popnemo na tenk. Pustio sam druge da se penju. Devojke su očajno zapomagale, bacajući sandale sa štiklama, lakovane cipele, oslobađajući se i tesnih sukanja koje su bile ne mali problem! Tačka oslona bila je problem. Muškarce je to silno zabavljalo, psovali su gore no kočijaši, vukli su gospođice za ruke, noge...
Osetih kako mi se klešta zabadaju u potiljak goneći me prema tenku. Dve ruke me ščepaše za ramena a zemlja pod nogama stade da mi beži – klešta me istog momenta pustiše. Probudih se kraj ragbiste koji mi se rugao? Hteo si da zaroniš do dna! Pokazao mi je kako treba da sedim, nogama oslonjen o rezervoar, rame o rame sa njim, drugom rukom držeći se za neku gvozdenu izbočinu. Ne napipah je. U zadnjem delu tenka žgoljavka se borila kao lav da dobije mesto iznad mene. Jedna noga mi prođe preko ramena – zaustavih disanje, sve... Jedno cang i tenk krenu lagano praćen brojnim zvižducima, povicima. Niko nije ostao izvan. Mašina je stenjala, škripala i vibracije su rasle, preteći. Ludaci su vikali, psovali, urlikali, piskavi glas je podsećao da se na votku ne zaboravi, zatim je započinjao neku revolucionarnu pesmu, ali je nakon zvučnih reakcija napokon umukao.
Tenk dobi ubrzanje pred samim restoranom što još više *raspali* ludake.
– Znaš li, bre, ko vozi tenk? – viknuh ragbisti na uvo.
– Lujza vozi! Ti si njen burazer!
– Pa kako to da Lujza zna da vozi ovo čudo?
– Naučila je od tvoje keve!
Žgoljavka iznad mene poče da cima. Viknuh joj da prestane. Zalud. Rame me je već bolelo a ruka kojom sam držao časopise gotovo se ukočila. Ulicu u kojoj se nalazi restoran već smo ostavili za sobom. Brzina nije previše ushićivala manijake. Nakon što je prošao krivinu, tenk je osetno ubrzao. Ulica je bila gotovo neosvetljena a naša mašinerija bila je bez pravog osvetljenja. *Putnici* su zavijali kao vukovi. Iza nas svetla po kućama su se pali-

la. Osetih da me neko muški drma za rame i, ako ne prestane, biće kvrc i – gotovo! Htedoh da viknem kad se nešto vruće skotrlja preko mene, drečeći. *Drekavac* ispade iz tenka. Uspeo sam da prepoznam noge i čupavu kosu. Strahovito je zviznula o kaldrmu. Žgoljavka ostade nepomična.
 – Pala je! Ljudi, neko je pao, okrenuh se gotovo očajan ka ragbisti.
 – Pa šta!
 – Reci im da ga zaustave! Zar ne vidiš da se više ne mrda? Možda je...
 – Pa šta ako se ne mrda? Jevrejka je!
Otkad smo se popeli u tenk ragbista je postao ratoboran, čak i agresivan. Stresoh se od straha, jada, užasa... Mračna ulica kao da nije imala kraja. Drali su se kao pravi kreteni, bezrazložno. Mrak je već progutao žgoljavku.

Tenk je skrenuo u kamenu, usku, neosvetljenu uličicu. Psi iz dvorišta kidali su lance, što je samo još više *bacalo u trans* ove manijake! Odnekud iz dubine stiže do mene flaša. Zastadoh neodlučan, međutim, pretpostavljajući da *sused* bulji u mene popustih i potegoh gutljaj-dva. Brzo mu kao po komandi pružih flašu. Halapljivo je primi, halapljivo poteže, nerado je nudeći dalje. Votka mi je zagrejala stomak. Tri-četiri džukele jurile su za nama. Gotovo da su bile spremne da uskoče u tenk! Jedan roker ih je oponašao. Neko baci stakleni projektil (ispunjenu flašu) ali ne pogodi cilj. Razbi se o kaldrmu. Ovacije, grljenje, krici; nezadrživ talas oduševljenja. Još jedna kaldrmisana ulica, isti pakao. Više nisam mogao podneti, ali nisam bio u stanju da skočim.
 – Kuda idemo – usudih se da pitam ragbistu koji nije skidao oči sa druma kojim je tenk grabio.
 – U Sibir, zvekane!
 – Zašto mi tako odgovaraš, lepo te pitam?
 – Pa zato što idemo u Sibir!
Okrenuh se rešen da mu se više nipošto ne obraćam. Ali moje rame beše prilepljeno uz njegovo. Uđosmo u asfaltiranu ulicu, jureći mimo stambenih blokova. Brzina tenka se opet povećavala. Plašio sam se da ne zakačimo neko parkirano vozilo na pločniku. Ako je stvarno Lujza vozač ovog čuda, svaki i najmanji udes izazvao bi *finansijski kolaps* naše porodice! Čime da platimo štetu? Ekse-

rima?! Lujza je, srećom, vozila bez većih problema, verovatno ohrabrena ovim *zvekanima*. Pored jednog semafora u kvaru spazih dva kontejnera. Približavali smo se centralnoj raskrsnici. Osvrnuh se, levo-desno. Humka đubreta pred jednom prehrambenom radnjom. Urlikanje, samo urlikanje. Valjda su videli barikadu?!

– Lujza ima jednu želju – munu me ragbista. – Kad ja budem vozio i ja ću sebi nešto poželeti. Imaš li ti neku želju, a? Tebi se obraćam, *krntijo skitnička* – munu me još žešće laktom!

– Hoću da siđem – dreknuh ne usudivši se da pogledam *saputnika*.

Uđosmo u zonu s ugašenim svetiljkama, samo su neoni prizemnih radnji svetlucali. To jedino svetlo koje je *hranilo* ulicu.

– Ajde, skitnička karoserijo, reci svoju željicu. – Stegao mi je ruku.

– Sudarićemo se! Čuješ li?... Lujza mora da zaustavi! Hoću da iskočim! Pretvorićemo se svi u pepeo!

Ragbista me nije slušao. Približi glavu mojim grudima a rukom mi *obavi* struk.

– Kaži svoju želju!

– Grigore Postolake, narednik mi je poverio da vam sprema kloku, s dinamitom! Ne lažem te! Držao ga je sakrivenog u kontejneru dok smo razgovarali... Razneće vas!

– Zašto mi, jado, ne kažeš svoju želju? Kakva si ti cicija!

– Hoću da živim! Čuješ li? Hoću da igram tenis, da mogu sutra da treniram i po deset sati dnevno, sa sposobnim trenerom koji bi verovao u moj talenat. Na prvom turniru u Pragu ili Beču izgubio bih u finalu od Šveđanina. Na povratku bih davao intervjue. Ne bih više morao da upisujem fakultet. Postao bih profesionalac i pobedio bih na turniru u Barceloni, sa nagradnim fondom od dvesta hiljada dolara. Bile bi to prve moje zarađene pare! Kupio bih ladno krznenu kapu za mamu, pravo krzno od prave polarne lisice... Zašto pada sneg? Pada sneg. Sneg, čoveče? Sneg!

Prođosmo raksrsnicu i tenk uspori. Sneg je belo mahao iznad naših usijanih glava. Belina je plesala nad nama. Zašto li pada sneg?

– To je Lujzina želja – uputi me ragbista.
– Ali nije mu vreme. Još samo u...
– Lujzina želja je da pada sneg sa američkim pahuljama. Evo oblaka iz Amerike! Vidiš li ih?
– Ne! – Podigoh glavu prema nebu sa pedeset zvezda. Ragbista me je zaglupljivao. Okrenuh se prema njemu i – prestravih se! Lice mu je bilo crveno, na njegovoj žutoj majici pojavile su se male crvene mrlje, kao da mu je odjednom na više mesta prokrvarilo telo.
– I ti si se uflekao – uze mi reč *životinja* iz usta. – To je zbog pahuljica koje se tope na nama. U Sibiru smo!
Bacih pogled na svoje grudi, ruke, gotovo pocepane časopise. Pahulje su na našim telima otvarale male crvene rane. Pri slaboj svetlosti ludaci su zadobili ljubičastu boju.
– Kaži mi, bre, svoju želju!
– Da stignem do četvrtfinala u Vimbldonu i da mama prestane sa čišćenjem hotela. Da budem eliminisan od trećeg igrača u svetu, da plačem od besa u svlačionici i da se moja slika pojavi na naslovnoj stranici londonskih novina... Da se popnem u svetski teniski vrh, da pobedim na još dva turnira u Evropi, moji da kupe kuću, veš-mašinu i TV u boji...
Sneg nas je neosetno zatrpavao. Tenk je za sobom ostavljao dve crne trake. Nije mi bilo hladno mada mi je tanka skrama leda pokrivala kosu, čelo, ruke, časopise koje više nisam imao gde da skrajnem...
– Ali zašto se, bre, tope po nama u crveno?
– Zato što smo u Sibiru, tupane! Zato što se još nismo oslobodili Sibira u nama, tupane! – dreknuo je ragbista s neprikrivenom mržnjom. – Ajde, kaži već jednom svoju želju, tupadžijo, majke ti ga spalim!
– Da pobedim na turniru u Parizu i da izgubim Vimbldon u finalu, nakon meča koji će da traje pet sati. Za godinu dana da uspem na Grand Šlemu i da budem smatran teniserom bez premca, da se pojave knjige o mom životu. Ali – zašto smo stali?
Tenk se zaustavio na plaži, sneg je nastavio da nas zatrpava. Crveni rokeri, šverceri u crvenim odelima, mini-suknjice crvenokose skočiše čilo sa tenka, bez vike, u tišini prateći Lujzu, Kristinu i Bobija. Ja sam ostao pored ragbiste. Bili smo mokri kao ćurke u dvorištu; kapalo je

iz nas *crveno mastilo!* Svi posedaše u krug na samo nekoliko koraka od tenka. Klekoše. U sredini kruga ostadoše samo moja sestra, Kristina i Bobi. Pažljivo su poglede usmerili na pesak. Nije ih brinulo što je i on pocrveneo. Izabrali su mesto koje je Lujza predložila. Bobi je kopao rukama. Uporno i – mnogo brže od mene!

Kad bih stigao do mokrog peska, pozajmljivao sam lopaticu od nekog deteta sa plaže. Naš pesak je fin, nemojte se plašiti, neće dugo trajati, odmah ću završiti rupu, govorio bih onome što se kladio na Lujzino kupanje u pesku.

Bobiju nije bila potrebna lopata, ima ogromne dlanove! Lujza se lagano svukla, počevši od crvene suknje, preko crvene bluze, odbacila je sandale, ostavši samo u kupaćem kostimu. Engleski kostim, dobar materijal. Obično bi se klijent divio Lujzinom telu dok sam ja kopao. Džabe se divio nogama i sisama koje su štrčale preko brushaltera. Zvao sam ga da proveri rupu, nije nikakav trik, Lujza bi ušla i ja bih započinjao da je zakopavam, pažljivo, da joj pesak ne saspem u lice. Lujzina brada je bila u visini naših članaka.

Sneg je vejao puneći Bobijevu rupu. Lujza skide i kupaći i gola uđe u crvenu rupu. I on ju je pažljivo zatrpavao. Ludaci su ćutali. Padao je sneg po želji moje sestre. Bobi je odmerio četiri koraka od Lujzine rupe i počeo je da kopa drugu.

Odmarao bih se na terasi hotela, posmatrajući grupu radoznalaca oko Lujze. Klijent bi odmerio četiri koraka od Lujzinog *peščanog groba* i spustio bi pare u pesak, pod kamen, da ih ne odnese vetar...

Nakon napetosti koja potraja možda minut čuh prvi talas uzvika. Lujza se pomerila. Bobi je brzo okončao i drugu rupu. Kristina se svukla i roker ju je brižljivo pritrpao. Krug više nije pušio, sneg je pogasio cigarete. Bobi je prošao kroz *narod,* skupljajući novčanice bačene u pesak. Izbrojao ih je i zadovoljno klimnuo glavom. Tu je sva lova, samo dolari! Moja sestra prva je krenula, digavši glavu preko peščane humke.

Veštica je!, ote se jednoj ženi. Gosn Remus me je pitao šta se novo piše po časopisima. Zbog uzbuđenja nisam ga mogao udostojiti odgovora. Veštica je, ima đavola u sebi, ponovi jedan stariji gospodin. To je

protivzakonito, obično bi protestovao muškarac koji se predstavio kao profesor fizike ili hemije...
I Kristina je krenula! Lujza je dobro naučila! Obećavši tada da, osim one dvojice Poljaka koji su u žurbi napustili hotel gosn Remusa, nikog više neće naučiti ovoj veštini! Kristina je teže napredovala, teško dišući, preteće vrteći glavom. Lujza je išla ko avion! Još samo dva koraka! Padale su krupne pahulje.
Moja sestra bila je već vrlo blizu parama pod kamenom. Pogledi turista bili su upereni u skamenjenog klijenta koji nije očekivao da će izgubiti *slatku sumicu* na koju se kladio. Bile su to pare predviđene za godišnji odmor, put, usputne zabave; sav novac prikupljen tokom godine... I šta ako izgubi devojka? Ako izgubi... klijent se cerio, razumeo je moje oklevanje, nije sisao veslo; dogovor je uvek sklapan u prisustvu gosn Remusa. Deca su je bodrila, srećna, cupkajući kao oko peščanog dvorca...
Sneg je činio svoje. Manje od koraka.
I šta kažeš, o čemu pišu danas časopisi? – nervozno je gosn Remus posezao za cigaretama. Lujza će roditi monstrume, bila je opaska g-đice Puše. Pritisak iz peska ugrožava direktno srce, jetru, krvotok i jajnike. Zbog ove glupe igre unakažena si za ceo život! Sreća je što su te brzo odrpali jer bismo ti već delili koljivo. I to sve zbog Mariusa, on te je, vrag, tome naučio! Šta će joj sto hiljada leja? Bolje je da kupanje u pesku zameni kupanjem u postelji, više bi zaradila! Moja sestra nikad nije izgubila! Sumnjivci su kontrolisali pesak koji je Lujza ostavljala za sobom. Bez ikakvog zvuka – kao da kroz vodu ide! Protiv prirode, protiv fizike, protiv mehanike... Gotovo su se sporečkali. Neko je izračunao i snagu napredovanja. Kako se može pesak ukloniti sa jednog tela u pokretu koje ne ostavlja tragove? Zašto nema sile trenja. Merili su, preračunavali po pesku. Moja sestra zubima bi zgrabila svežanj novčanica. Bio bih uvek u blizini, pripravan. Brzo bih skočio i otkopao je. Posmatrači se nisu usuđivali da mi pomognu plašeći se da ih mađija ne uzme pod svoje. Podigao bih je pa bih je položio na pesak, na blagotvorno sunce. Drhtala je jedva dišući. Sklonite se, da dobije vazduha, drao bih se. *Specijalisti* bi se skupljali oko rupe, žestoko raspravljajući o brojnim nerešivim pitanjima. Mirisali su pesak, premeravali, trljali pesak iz-

među dlanova... Najhrabriji bi obično uskočio u rupu. Klijent bi kao usran golub odlazio sa plaže. Ja bih pare čvrsto držao u džepu. Kad bi se povratila iz nesvesti Lujza bi prebrojala lovu ostavljajući mi moj deo, za cigare i časopise! Za nekoliko časova klijent bi tražio gosn Remusa i kumio ga da mu pozajmi nešto para da stigne do granice. Obično bi kao garanciju ostavljao sat, prsten... Gosn Remus svakome je izlazio u susret...

Kristina je pokušala da se osmehne, ali ništa više od kreveljenja usana! Lujza je ispružila vrat. Prvo su se dotakle obrazima a onda je Kristina dipila i poljubila Lujzu u usta. Zaplitali su, bogme, i jezike u ustima!

Sneg se smirio. Zora je stizala. Lujza podiže glavu i Kristina joj vlažno jezikom obliza vrat. Ragbista mi pruži punu flašu votke. Nisam stigao ni ustima da je prinesem kad osetih udarac u kuk koji me zbaci sa tenka.

– Nosi se ti u materinu, sa tom tvojom idiotskom željom!

# 6

Smejala sam ti se dok si mi pokazivao rojeve zvezda i govorio da je naše spasenje ostalo na nebu. Jednom, sećam se, razdražena tvojim fanatizmom napravila sam od tebe kretena. Nisi se ljutio, naprotiv, posmatrao si me sa odobravanjem. Sada, možda obuzeta beznadežnošću, bojažljivo posmatram nebesa, sa strahom da mi neko ne prekine ovo idiotsko razmišljanje. Uvek izbrojim pedeset zvezda. I pitam se, takođe, pogađajući vrednost nekoliko puta, dok mi se ne osuši grlo – koja li je tvoja zvezda. Možda je tvoja zvezda otputovala s tobom, prokrstarila okean i smestila se iznad tebe, među srećne zvezde. Pusti me da verujem u ovo: svi ljudi koji su tamo stigli ili su tamo rođeni, srećni su. Ne zavidim ti! Ali šta ako je tvoja zvezda ostala ovde, kod nas?! Pošalji nam barem telegram i opunomoći nekog od nas da ti preuzme zvezdu. Zvuči suludo! Čemu bi nam koristila tvoja srećna zvezda? Ničemu; uveravam te. Predajem se nakon toliko proćerdanog vremena, zurenja u nebo sa pedeset zvezda. Ti si bio izabranik! Ova kretenska igra, priznajem, nema smisla ni značaja. A ipak, meni su potrebni simboli, jer osećam da starim. Da budem jasnija!

Jedva čekam da se vratiš da posle toga na miru mogu umreti. A do tvog povratka živeću uzalud. Tvoj povratak biće praznik. Nije potrebno da ti to kažem ali, eto, rekla sam ti i to. Praznik će te preporoditi, bićeš u elementu, neodoljiv. Mama će se skameniti od sreće a tata će se uzbuditi. Prirodna njihova reakcija, uostalom, biće radost, grljenje, šale, ushićenje. Udalji se na korak i pomisli samo na svoje inertne, plašljive i slabunjave saveznike. Kako ste vi? Toliko sam srećan kad vas sve nađem u zdravlju i veselju, lagaćeš. Ne možeš valjda da ostaneš sasvim ravnodušan pred ovom dramatičnom slikom. Užurbano, već počinješ da nam potanko pričaš. I mi, u krugu oko tebe, razumećemo da se nisi vratio da ostaneš. Neće nas pridaviti tvoj monolog, niti objašnjenja i opaske, niti laži, verovaćemo ti slepo sve do poslednjeg gesta, čak i onda kad nam pokažeš koliko je velik hleb ili autobus tamo – preko okeana. Neće nam biti teško da zamislimo, ne prekidajući te, hleb i autobus. Jedino će tvoj glas teći i vrtložiti u celoj kući i, imaćemo utisak, jedinstven, da sve tvoje reči počinju da nas greju – odozdo: najpre noge, zatim ruke i stomak – kao frižider kad počinje da se *goji:* desetine vrsta sira i salama... kao da se sve tvoje reči zaustavljaju i ostaju trajno u nama – gladnim, srećnim i poslušnim! U jedan posve čudan vazduh se ušunjao u sobu, ne plašite se, radi erkondišn! Tvoje necenzurisane priče trajaće čitav dan. Kod kuće si. I kad ti duša zaželi pogledaj svakog od nas ponaosob i kaži mu makar jednu dobru reč. Ja sam kurva. Ti znaš. Kurva bez srećne zvezde što živi s muškarcem koji joj može biti deda. Ali u slobodno vreme, tvoja sestra, kurva bez srećne zvezde, spava sa drugim muškarcima, dede ili unuci, pare ne znaju za godine. Optimizam tvoj, omirisavši novi svet, neće mi oprostiti. Ja ti i ne tražim oproštaj. Pitaš li se za moju muziku, da li još pevam, da li još učestvujem na konkursima a meni se stomak od muke podiže. Odgovoriću ti bez hipokrizije. I tvoj bezinteresni optimizam spasava te od mučne pauze. Ne pevaš više?! Zašto Lujza? Smelost tvoja preobražena u čoveka koji sada zna da prikrije mržnju, zabravljuje me definitivno u ćutanje. Zaboravio si i svog mlađeg brata, bolesnog, hendikepiranog, promašenog.

Pomazićeš ga po temenu i nećeš imati snage da mu i reč kažeš. Njegov zamorni smeh biće dobra prilika da odmah pređeš na novu temu, ah, što sam teško stigao do vas sa ovih šest kofera, od aerodroma dovde pogodio sam se sa šoferom taksija da mi uzme trista dolara dovde i nazad. Na ovu cenu čekaš da razrogačimo oči, što si ti bistar, Mariuse! I, za vreme dok se budeš raspakivao, mama će se zatvoriti u kuhinji, da ti spremi štogod za put. Plakaće dok bude postavljala sto za tebe. Svi će dobiti poklon. Ploče za mene, vidi, Lujza, kakvu muziku imaju Ameri, rukavice za našeg brata bolesnika, promašenog. Tek tada ćeš pokušati da nas prepoznaš svakog ponaosob, da nas otkrivaš, mama je mama, da li te cipele stežu, ćale je ćale, košulja ti lepo stoji, da ti nije malo široka u ramenima, oče? Sve će da bude OK. I veličina, i boje, i parfemi i razne druge sitnice koje pružaju iluziju da je život lep! I rolna toalet-papira koji ne grebe, čini život podnošljivijim. Stavi ga u kupatilo, majko, da možete da vidite i osetite razliku! Mama će te zamoliti da se opereš i presvučeš, da zajedno sednemo za sto. Kako čudno zvuči: zajedno! Nisi gladan, jeo si u putu, istуširao se u hotelu... Pio si u hotelu, bolje rečeno. Ostaješ dva dana. Jako si nas se uželeo, ali ti se više sviđa Remijev hotel, da i njega poniziš. Govorićeš užurbano, namerno ćeš mešati s engleskim, da nam pokažeš kako si se lepo uklopio da razumemo, da zaboravimo prošlost. I ne ustaješ da vidiš svoju sobu. Prevejano lažeš, da si se uželeo... I mama, sudeći u svojoj gluposti, razume se, laže. Nisi se ti nikoga i ničega uželeo. Vratio si se kao pravi Guliver. Pijmo! Otvorićeš flašu s nalepnicom koja bi trebalo da nam bode oči. Pijemo kao da nismo tu, kao panjevi, trepćemo ošamućeni nalepnicom na flaši. Neće nas interesovati šta pijemo a ti ćeš ponavljati to, tek tako! Koliko je koštala i gde si je kupio. Nemo ćemo slušati istoriju te flaše. Mama će ti sve oprostiti. Docnije će primetiti tvoju tanku košulju, deset dolara keš, pantalone, dvadeset dolara, cipele od zmijske kože – petnaest... Sad će i mama razumeti da se nisi vratio zbog toga što si se uželeo nego da bi nam se revanširao, osvetio... Pogledajte mene! Kako sam lako postao Guliver, isključivo svojim radom, i vi to isto možete postići, nije teško, treba samo da radite u najrazvijenijoj zemlji na planeti, bla-bla-bla! Lako! U stvari, tvoj će govor ličiti na bilo koju žvaku američkog predsednika. Neće biti govor džabaka! Indirektno, zviznućeš tatu, smanjujući tu fantastičnu retoriku njegove životne mudrosti! Ali on, zato što je prikovan, neće razumeti tupoglavost u kojoj je rintao, majku koju je trpeo, očajavanje od kojeg bi morao da pati. Njegova hronična neotesanost spasiće ga od tvoje slepe osvete. Mama bi *osećala* da govoriš o njemu, ali ona se već propisno navikla da sažaljeva i da se ne meša. Još jednom zahvaljujem Svevišnjem što si se vratio, Gulivere, na dva dana, u finoj košulji od deset dolara.

Zatim, ponovićeš pitanje, a šta vi radite? I niko neće znati šta da ti odgovori. Kako živite, a?, insistiraćeš. Šta ima novo kod vas? Pitanja koja pokrivaju druge laži. Tebe naš život zanima, koliko... mama ti može reći da teško izlazi na kraj sa čišćenjem zbog memle u kući, bubašvaba i miomirisa iz poplavljenih podrumskih odaja našeg bajnog bloka, i ti ćeš ostati mudrac očiju uperenih u tavanicu, posle čega nam se predlaže da se preselimo u drugu kuću; vrlo je jednostavno, Amerikanci nisu previše vezani za mesta! Ako im nešto zasmeta, strpaju svoje prnje u kola i menjaju mesto, niko ih ne zaustavi. Tata će se raspametiti, kao što znaš ovde je drugačiji život i međutim, i vi tamo imate nezaposlenost!, baciće ti neko mačora u dvorište. I – već si ubačen u glupe priče, sve je o. k., u boji! Ćale ti neće verovati. I to će te zaboleti! Pitaćemo te da li si se oženio. Možda ćeš nam pokazati fotografije tvoje prijateljice ili verenice. Ne mogu te ni zamisliti oženjenog. Možda sam ja previše vezana za prohujalo. U četiri oka, mama će te smiriti u gadnoj komplikaciji sa Kristinom: Kristina se izvukla, zaboravila te je, svet sve pamti; možemo se sad smejati – proteklo je već poprilično godina. I ti si se izvukao, Ti, nagrađivan i eminentan, stigao si bio i do zatvora, a sve zbog jedne opajdare koja te je prevarila! Ne vredi. Već drugog dana, tražićeš je, da te vidi, Gulivere! Trenutak ponovnog viđenja sanjaš otkad si pobegao. Kristina te je ponizila, bila je spremna da ti upropasti život, da te zbriše sa nogu kao jednog promašenika. Nama si učinio – stigao si dakle da nas vidiš uništene. Kristina ostaje princeza koja ostaje mamac za tebe. Ali, nije te samo ona opsedala! Međutim, grozno je što si zbog nje mogao da postaneš što i mi – promašen.

Nije njena krivica. Ako ti nije pokazala da je ličnost moćnija, jača od tebe, džabe si se vraćao, ne vredi. Zašto onda nisi pobegao sa njom? Zato što si podlac. Svakako ćeš se vratiti sa ili bez fine košulje, mi ćemo te proglasiti pobednikom. Navikli smo da se posvećujemo herojima svake vrste. Navikli smo svaki san da nazovemo stvarnošću. Bila sam od parola gotovo poživotinjila. Pamtila sam sve to i ne mogu da ih se otarasim, da izbrišem gumicom! Ko će da nam pomogne da postanemo normalni? Ko bi drugi do ljudi poput tebe. Mi te čekamo da dođeš, da nam pričaš, da nas dodiruješ, da nas vidiš! Imamo potrebu za tvojim vazduhom. Pamtićemo mnogo ali ćemo ipak lakše život podnositi. Da se ne osuđujemo na izdržljivost i na minulo. Na drugu stranu ne znamo – kuda da se denemo. I ako nam put pokažeš, nećemo te slediti. Svojski utučeni! Bolje je da dođeš ti: teško da ćeš razumeti ko smo i šta je od nas ostalo!

# 7

– Neko treba da odnese ovu flašu NASI, da bude proučena njihovom super modernom aparaturom – reče gosn Remus iznova pokušavajući da je spusti na stol Poštanske Službe, ali se flaša smesta prevrnu, ne slomivši se, kao privučena nekim skrivenim magnetom, u blizini.

Prevrtala se plešući po stolu i zaustavivši se kraj mojih časopisa. Beše to obilna flaša šampanjca, ispražnjena, bez nalepnice, dobro zapečaćena; zapušač je bio presečen nožem, verovatno je gosn Remus pokušao da ga izvadi. Čiča ju je bio oktrio jednog februarskog dana, šetajući obalom, dok ga je vetar s pučine smirivao a sunce se hrabro probijalo kroz oblačine. More se bilo skroz zaledilo u dužini od dvesta metara od obale, izbrojao je šef recepcije, jedini čovek što se bezrazložno upustio u takvu ledenu avanturu. Flaša se nalazila na desetak metara od obale, naspram našeg bloka, zahvaćena malim ledenim talasom koji joj je bio štit od vetra što je duvao sa pučine. Najpre se prepao, nikada nije video tako nešto, zatim je bojažljivo dodirnuo kažiprstom, nakon što se oslobodio rukavice. Radostan mi je javio da je našao jednu flašu zaleđenog šampanjca u moru, zapečaćenu, tečnost se unutra ne

vidi a grlić je topao, vruć... Pokazao mi je naboran dlan, beo kao upijač, da bi me ubedio. Pola sata je držao dlan na vrućem grliću flaše, normalno je da se flaša ugreje! Pozvao me je da probam ali sam ja to hladno odbio. U Poštanskoj Službi bilo je toplo, a vetar i mraz su me uveravali da je bolje da ne izlazim napolje zbog nekakve sitnice koju je matori izmislio. A ja sam tada mislio da ovakvom maštarijom čiča pokušava da rastera strah od poslednje dve pretnje koje je primio u toku samo jedne nedelje, meseca januara, sastavljene u istom stilu:
„Pljunuta cigančino iščupaćemo ti jezik."
i „Štene bezbožno iščupaćemo ti jezik."
Ali u stvarnosti anonimci ga nisu plašili. Onih pet pisama što ih je poslao Jevrejskoj zajednici u kojima je tražio čvrst dokaz da nije Jevrejin, ostadoše bez odgovora. Rukovodstvu Demokratskog saveza Mađara u Rumuniji gospodin Remus je poslao dva dopisa kucana na mašini, na rumunskom jeziku, ukupno pedeset stranica gde je opet tražio neoborive dokaze da nije Mađar, da ima rodbinu ili prijatelje a da celog života nije sreo ni jednog pravog Mađara! Ovde je, izgleda, malo preterao! Odustao je da održava bilo kakvu vezu s onom malom grupom Mađara iz varoši, još više nakon neuspelog pokušaja jednog majstora u Brodogradilištu i njegove potrage za Jevrejima koji se skrivaju pod čisto rumunskim imenima. Obeshrabrenje se pretvorilo u ravnodušnost. Da je slao pisma ili dopise Romskoj partiji ili Zajednici Turaka rizikovao bi da se opet sučeli s uvredljivom ledenom tišinom. Da sam krene u potragu za Romima u varoši, stvorio bi neviđenu pometnju u njihovim redovima; bilo bi i to beskorisno. „I toliko vremena a nijedna nova pretnja meni nije stigla, nema razloga da ovu stvar uzimam toliko ozbiljno!" Gotova stvar, čilager je pobedio strah!

Gosn Remus mi je dokazao da flaša nije njegova izmišljotina namenjena da razgoni crne misli, niti da je razbije u paramparčad ili da je otkravi – već je početak marta! Uveliko je krenulo odmrzavanje. I ja sam je takao prstom. Bila je sasvim hladna.

– Prošlog jutra, kad je sunce sinulo, izvadio sam je. Bila je vruća kad sam je uzeo u šaku. Tada se naglo ohladila! Ko zna odakle dolazi, ko li ju je bacio? Zaboravio je da ubaci poruku! Možda pripada nekom brodolomniku! –

Nekontrolisano se osmehnu, sakrivši lice u okovratnik mantila.

Lako je njemu da se smeje, zimu je proveo u mantilu od medveđeg krzna. Prespavao je u kući, jednom nedeljno proveravajući hotel koji je zatvarao već pri kraju septembra. Tražio me je u Poštanskoj Službi da mi pokaže flašu, da malo pročavrljamo. Međutim, nisam za to bio naročito raspoložen nakon proteklih događaja.

Lujza nas je slagala, rekavši da su njene kolege u Bukureštu stupile u štrajk. Razlog štrajku je sporedan, nema značaja zbog toga rasipati pare, bolje je da ostane u kući još dve nedelje; pametna odluka, radovala se mama. Tata je slegnuo ramenima. Mrlja s tavanice se uvećala preteći električnim instalacijama u blizini lustera. Bespomoćni, posmatrali smo je svi redom, posebice kad smo ostajali sami u sobi. Najviše je zurio tata. Svakog jutra oko sedam sati već je na nogama, jede najsuvlje parče hleba, kuvano jaje ili glavno jelo preteklo od prethodnog dana, da se ne pokvari. Zatim bi odlazio u varoš. Vratio bi se s jednim sapunom za veš, kesom soli ili prazne ruke. Pušio je kao Turčin, na terasi. Onog dana kad je poštar donosio penziju bio je govorljiviji. Podsetio je na to da se zima primiče, da ćemo isključiti frižider, da će staviti nove blokeje na cipele a onda bi se na to nadovezala mama: na pijaci je našla jeftiniju turšiju, ali se nije usudila da kupi, ne bi bilo loše da uzmemo jednu teglu od 5 kg da nam se nađe za zimu, da je videla novi otrov za pacove... Ručao bi samo ono što mu je mama stavljala u tanjir. Prilegao bi potom. Odspavao dva sata. Sat bi izgubio sa rukom na čelu, ispružen u krevetu, motreći na mrlju. I on je strahovao od iste stvari; ako mrlja zakači kablove i instalaciju, nastaće kuršlus i ostaćemo u mraku. Još, još para za popravke! Posle podne išao bi da prošeta po olupini teretnjaka. Olupina se pojavila nakon deset dana. Vezana užadima, crvena kao i ranije ali čista! Ni traga od đubreta što se steklo u pustolovini s Amerikancima. Ćale bi tamo izgubio još dva sata. Uveče bi uključivao televizor – to mu je bila večera!

Kad je u vestima čuo da su bukureštanski studenti dobili trideset kompjutera, donacija jednog francuskog univerziteta, tata je uleteo u kujnu i saopštio:

– Ćerka ti je napustila fakultet! – zatim se vratio svom obroku – televizoru!
Mama je bila ošamućena, ušla je u moju sobu.
– Ne znam šta više da učinim? Ne znam... Šta da radim? Napustila je fakultet, šta da joj radim?
U svojoj sobi, Lujza u krevetu lista rečnik biologije. Osmehnula se. Klimnula glavom – znak da neće promeniti mišljenje. Sklupčala se pod ćebetom:
– Udajem se! Za mesec dana pravićemo svadbu i otići na medeni mesec u Akapulko. Napuštam vas!
– Lujza, ćero, zašto nas zavitlavaš – prasnu u smeh, na pragu, mama. – Kako da ostaneš bez diplome? Vrlo dobro znaš kako se danas teško zarađuje kora hleba! Jesi li dobro razmislila? Šta ćeš da radiš?
– Da, razmislila sam. Posle medenog meseca nastanićemo se u Los Anđelesu!
– Lujza, ja ti ozbiljno govorim! Hoćeš da napustiš fakultet?!
– Već sam to uradila, zar ti ćale nije to rekao? – skoči na noge moja sestra, uspravivši se u krevetu. Jesi li čula? Udajem se! To nisi znala!
Prislonih uvo, gotovo se zalepih za zid, jer je mama kidisala na nju preteći, raširenih ruku kao da želi da je zagrli ili da je zaustavi. Lujza je počela, kao sumanuta, kao dete, da skače po krevetu vičući: „Udajem se! Udajem se!"
– Za koga se udaješ, Lujza? Lujza, tebi govorim! – kriknu mama kano ljuta guja. Sestra zastade. Prekrsti noge i dohvati krajeve suknje. Duboko se klanjala:
– Za mog američkog menadžera. Učestvovala sam na jednom takmičenju za izbor balerina i spikerki koje bi trebalo sa ugovorima da rade po barovima Grčke i Turske. A moj se menadžer zaljubio u mene, „do jaja!" Oborila sam ga s nogu! Zaprosio me je već. Udajem se!
– Sparila si se sa svakim varoškim šljamom, Lujza! Šta hoćeš da učiniš od naših života?
– Vaši životi su u Božjoj ruci! Ja se udajem!. U Los Anđelesu ću otvoriti kozmetički salon. Turpijaću nokte, ulepšavaću hrapave ruke ženama, depilovaću, zgrnuću dolare, majko! Puno dolara! I kupićemo kuću s erkondišnom i palmama u dvorištu. Imaćemo bazen i celog dana ćemo voditi ljubav. A onda ću otvoriti drugi kozmetički

salon... pa treći, četvrti... U celoj će se Americi nalaziti moji saloni, čuješ li, kevo? Moji saloni, moja kuća, moja lova! I kad osvojim Ameriku, doći ću ovamo, otvoriću prvi kozmetički salon u ovoj našoj cigan-mali! Prvi klijent bićeš mi ti, nemoj da čujem da se nećkaš! Leći ćeš na kauč, očistiću ti hrapave ruke, dlakave noge, dlakave uši, nausnice, i ništa ti neću naplatiti! I kad budeš došla kući, rođeni muž neće te prepoznati! Smesta će se zacopati u ženu koja ćeš biti, po prvi put u svom primitivnom životu, i zaprosiće te po drugi put, upitavši te pristaješ li još jednom...

– Zar te nije sramota da se tako obraćaš majci – poče mama da briše suze dlanovima.

– Ako više nećeš da učiš, nemaš šta da tražiš u našoj kući! Idi i ljubi dupe tom starcu! – umeša se ćale. – Dovoljno sam za vas rintao. – Ne videh ga kad je ušao.

– Nikad nas niste voleli! Nikad! Vadiš nam oči zato što se hranimo tvojim parama...

– Čijim se parama, bre, hraniš? – Tata pocrvene kao rak.

Lujza izgubljeno pogleda kroz prozor, grizući usne. S pučine poče da duva oštar i hladan vetar.

– Neću više ovde da učim, neću ovde svoju decu da rađam i podižem, neću više da živim u ovoj zemlji!

– Lujza, jesi li poludela? – pobuni se mama. – Kuda ćeš da ideš?

– Zar vi ne razumete koju šansu mi imamo? Ako je Marius ostao tamo, poslaće nam kad-tad poziv. Prodamo sve, uzmemo nešto i u zajam i odemo. Odemo! Kakvog smisla ima da se ovde buđamo i kiselimo? Čekanje traje samo nekoliko meseci. Za najviše godinu smo tamo. Važno je samo da budemo spremni. Da ne prokockamo priliku!

– I šta će biti s tatinom penzijom?

– Dovraga s penzijom! Stižemo u Ameriku!

– Zar te nije stid, kučko jedna, što sam te hranio! Dođavola sa penzijom? Ona te hrani...

– I srećan si što mi daješ da jedem? Radio si kao vo celog života: zašto? Da bi se dičio penzijom i kako imaš od čega da prehraniš spremačicu i dva parazita, da si pošten. Zajebali su te, zaglupeli, evo dokle si stigao? Šta si postao? Papagaj koji ponavlja jedne te iste reči: „Hranite

se mojim parama! Ja vas hranim! „Da li te je bar nekad zanimalo šta mislimo i šta bi od života želeli da učinimo?
– Napolje iz moje kuće, kurvo!
– Ilije, kako to govoriš s našom ćerkom?! Lujza, molim te, prestani sa tim glupostima! Šta te je spopalo? Hoćeš bruku u kući? Ilije, pogrešila je.
Mama ga je sprečavala da priđe krevetu. Tata pođe ka vratima i ja na tren pomislih da je i ovo prohujalo i da će se sve okončati nekom njegovom psovkom i maminim kukanjem, ali, kao prisetivši se nečega, možda onog „dođavola sa penzijom" ili „rintao si kao vo", predomisli se. Gurnu mamu u stranu i ustremi se ka Lujzi.
– Znam ja ko je izdao Mariusa! Smrdljivi izdajniče! – ote se Lujzi.
Nije se branila, pala je kao pokošena posle prve pesnice. Zaštitila je lice rukama, zato što je ćale krnu kolenom, pravo u glavu. Mama ustade ali nije više bila u stanju da interveniše. Plakala je gorko u dnu kreveta. Kao da pesnice nisu više bile dovoljne, ćale stade i kolenima da je mesi. Izbečenih očiju, balav, neprestano nešto mrmljajući, možda ono „dođavola sa penzijom" ili „rintao si kao vo". Prolomi se Lujzin krik: „Zašto me mlatiš, Ilijeee?" i Ilije se zaustavi. Umoran, teško zadihan, okrenu se mami:
– Jesam li i tebe tako prebijao?
Zatim se povukao u kupatilo. Čuo sam slavinu lavaboa. Mama se pak zabravila u kujni. Lujza nije plakala, samo je opipavala svoju glavu.
– Ti znaš Mariusovu adresu, ali nećeš da mi je kažeš! – Klekoh kraj kreveta. Otkrila je okrvavljeno čelo i modar kapak:
– Nesposobnjakoviću... Glupanderu. Otac ti je bio izdajnik, u Službi Državne Bezbednosti. Zbog njega je Remi bio izbačen sa posla. Učinio ga je neprijateljem države i prodao ga imperijalistima. Da li se usuđuješ da ga pitaš? Bezmudiću! Ja imam dokaze, stavila sam šapu na njegova izdajstva i ofiraću ga! Da svet zna ko je bio drug Hermeneanu!
Drugog dana izjutra, Lujza je pokupila svoju odeću, knjige i flaše parfema u velike kartonske kutije koje je Bobi doneo u jednoj „Dačiji." Tako nas je napustila. Mama je nije zaustavljala, bila je u kujni, s rukama skrivenim u korpi za sudove. Bobi je čekao ispred zgrade, pale-

ći jednu za drugom. Nije se popeo da joj pomogne, a nisu ni bile previše teške te kartonske kutije! Roker ih je uredno ubacio u kola. Odmah su krenuli, bez ijedne reči. G-đica Puša je s terase snimala celu stvar. „Bravo!", čestitala im je. „Lep ste miraz Lujzi dali!" Mama nije odmah pospremila napuštenu sobu. Samo sam ja ispraznio pepeljare. Između Madone i Samante Foks, u crno-belom, Kristina se smešila. Čudan miris je isparilo dva dana nakon sestrinog odlaska. Tata je skinuo sijalicu i nije je više vraćao.

U oktobru, kad je vetar počeo nemilosrdno da jede našu zgradu, mama je prozore zakamuflirala starom ćebadi. U kući se gnezdio mrak. Povadili smo džempere iz šifonjera, čizme i šalove, mantile pune naftalina. Ja sam ostao bez rukavica. Ćale je furio svoju plavu perjanu jaknu bez rukava, navukavši kapu na oči. Mama se utegla, vezala glavu vunenim šalom da ne produva... Nestali su i komarci, pacovi su hitno sišli u podrum gde je toplije i pristojnije nego gore, akrepi i druga krilata gamad pocrkali su. Ćale je počeo već da odbrojava dane do primanja penzije, zureći u TV. Mrlja s plafona primicala se polako ali sigurno kablovima, lusteru. U kujni je bilo toplije. Kad nije kuvala mama je gledala Mariusovu razglednicu.

U novembru, dok je oluja pičila pet dana, gospođica Puša zvrcnu na našim vratima. Bila je u crnom kaputu od specijalnog izgužvanog materijala. Na glavi je imala vunenu kapu. Obavestila je mamu da je jedna penzionerka sa prvog sprata umrla od hladnoće i ako pokojnicu prebacimo do mrtvačnice i popunimo tamo neke formulare, možemo se preseliti u njen stan, ostavila je i nešto nameštaja i tepihe. Ona lično bi se odmah preselila, ali kako kad u prizemlju ne živi niko, stan na drugom je prazan i boji se da stanuje sama između dve „praznine". Ako bismo mi prešli na prvi sprat, ona bi se preselila na drugi, mada nije delovala previše ubedljivo. Mama je samo slegla ramenima. I pre no što joj mama zalupi vrata uspe da primeti da je Lujzu videla u najluksuznijoj radnji u varoši, kako isprobava elegantnu i vrlo, vrlo kratku haljinu. Vidi se da joj prija kapitalizam! Kad je partija pozivala na nepregledna polja domovine pravila se da je bolesna! Mama joj zalupi vrata.

U decembru, stegao je mraz. Ležao sam u krevetu, umotan u dva ćebeta. Listao sam stare časopise i od hladnoće nisam mogao da maštam. Dobijao sam svaki čas temperaturu, pio čajeve i uzimao aspirine, slinio. Sklupčao bih se pod ćebetom, s glavom ispod jastuka. Ćale je napokon odustao od ranojutarnje šetnje. Mrlja sa tavanice dotakla je lusterove žice, međutim kuršlus još nije izbio. Mrlja se već bila *ugojila,* bila je veća i od mog jastuka! Rano smo legali. Najteži dani su bile nedelje. Prinudni odmor u toku nedelje iscrpio nas je, rasterujući sanjivost i lenost.

U kući je lebdela čas napetost, čas nervoza. Sati su sporo proticali, ledili su se s nama pod ćebadima. Vetar sa pučine je besomučno udarao o zgradu, pridodajući prašinu i hladnoću kroz pukotine na prozorima. Bio je to mesec bez snega, suvomrazica. Uveče nas je televizor okupljao kao po komandi pa smo gledali neki američki film ili neku zaglupljujuću francusku komedijicu. Molio sam Boga da se televizor ne pokvari! Počeo sam gadno da kašljem, mama mi je morala kupiti sirup. Nije mi uminulo.

Jednog ponedeljka, nakon što sam prezalogajio malo pasulja, mama me je upitala zašto nam Marius ne piše. Nije čekala odgovor. Pažljivo je odškrinula kuhinjska vrata: „Bilo bi dobro da odeš do Puše, da vidiš jesmo li nešto primili? Možda je poštar zaboravio da nam preda neko Mariusovo pismo!" Na taj način sam otkrio sto pored šaltera Poštanske Službe. Ovde je bilo toplo i prijatno, mada se muvalo mnogo sveta pa su se službenice drale na stranke da zatvaraju vrata, jer će im se prsti na olovkama stisnuti od hladnoće. Prvoga dana sam pitao da li je stiglo pismo za porodicu Hermeneanu. Zatim sam se raspitivao za cenu koverte za Ameriku. Seo sam za sto pored zamrznutog prozorskog stakla, praveći se da pomno proučavam primerke telegrama, uputnica i preplate ostavljene ispod brušenog prozorskog stakla. I nikome nisam bio na smetnji. Počeo sam da provodim čitava popodneva u Poštanskoj Službi, u toplom, posmatrajući ljude koji su slali pisma, ulagali novac, podizali preporučena pisma, plaćali pretplatu za radio, novine... Pomagao sam starijima da popunjavaju obrasce, upućivao ih na odgovarajući šalter gde su mirno stajali u redu... Za nekoliko dana bezmalo sam naučio sve poštanske operacije i sve tarife. Kašalj me je ostavio. Više nisam imao temepraturu. Petnaest minuta pre zatvaranja diskretno bih odlazio. Moje prisustvo ja zapazila upravnica Objekta, sedokosa žena, utonula u bundu od zečjeg krzna, upitavši me šta sam tu radio? Verovatno je pomislila da sam kakav prosjak, vagabund. Odgovorio sam joj da čekam nekog ko je u redu pred šalterom. I ništa me nije dalje čačkala, iako me je i sledećih dana redovno viđala za stolom, do prozora. Opisao sam mami toplo mesto koje sam otkrio i predložio sam joj da i ona dođe jednog popodneva, da se malo razdrma. Odbila je: „Bolje da ostanem kod kuće. Proći će zima. Videće me ljudi kako čekamo." U Poštanskoj Službi sam mogao natenane da bistrim svoje časopise, čak i novine koje je neki rasejani poštar zaboravio. Na stolu sam održavao besprekoran red i čistoću. Od svog mastila sam napojio i njihove mastionice i promenio pera na sva četiri stara penkala. Pogrešno popunjene obrasce ili pokrmačene bacao sam odmah u korpu.

Ovde me je našao gospodin Remus ušavši da pošalje svoj drugi dopis DSMR-u. Kao po navici, pitao me ja šta radim, šta piše u časopisima, kako se osećam. „Nema znaka, je li tako? zagonetno se interesovao. Nema znaka. Pitao sam ga da li je promenio nameštaj u hotelskoj sobi 21. Tužno se osmehnuo poričući još uvek postojanje te sobe. Što se njega tiče, zanimao se ima li vesti od Lujze. Sad sam ja bio na redu da se osmehnem. I čitav naš dijalog bio je niz pitanja i odgovora zbrda-zdola. Za koji dan, za mojim su se stolom pojavili, jedno za drugim, gospodin Remus i Lujza. Moja sestra je nosila roze mantil od debelog materijala i neke bele čizme, preko kolena. Nisam se usudio da je pitam gde živi, šta radi, kako to da tako dobro izgleda... Ličila je na pravu pravcatu gospođu! Nije se udala ni za kakvog menadžera. Nije se raspitivala za prilike u kući. Razgovarali smo o običnim stvarčicama. Kristina je pala na Konzervatorijumu, u jesenjem roku, druga ispod crte. Šef recepcije se svojski trudio da ostavi utisak bezbrižnosti. Ispričao nam je dva očajna vica, Lujza ga je po ko zna koji put podsetila da još nije naučio da pliva, a potom nas je matorac pozvao na bocu vina, u hotel, danas je ionako dan inspekcije. Ako nas odvedete u sobu broj 21, postavih svoj uslov; Lujza nije trzala! Čilager je krenuo prvi, razočaran, imao je posla preko glave. Lujza mi je dala koju crkavicu: za časopise i cigare upitavši me: „Nema pisma?!" Imala je negovanu kožu što je više no znak da joj dobro ide. Obećala je da će navratiti. Mami nisam upravljao ništa o susretu.

Kroz dva dana gosn Remus mi je predložio posao na koji sam te godine bio potpuno zaboravio: čišćenje plaže! Gotovo odbih ali me čilager *razoruža* izvadivši iz džepa verovatno već pripremljenih hiljadu leja. Da li je sve OK? Trebalo je da plažu spasim od đubreta! Đubre u plastične kese a potom da grabuljam pesak. Pa pesak je zaleđen! I oluja je pročistila plažu! Decembar je! „Misliš da bi Marius u Americi odbio takvu ponudu?" Skinuo je svoje kožne rukavice, bacivši ih na sto preko onih mojih nesuđenih hiljadu leja.

Drugog dana sam pozajmio grabulju od gospođice Puše.

– Nemoj mi reći da ideš da pomažeš tvojoj sestri?! Odbila je da gradi socijalizam! Moji vladari nisu ni sanjali za koga su podigli manastire! Gradili su radi umetnosti. Nemoj mi reći da Lujza gradi iz ljubavi! Kad smo već kod toga, čula sam, iz proverenih izvora, da Lujza igra u pornićima. Dobro zarađuje. Gledaću i ja kablovsku televiziju iza ponoći da vidim igra li ili ne. Samo tako može da stigne u Ameriku, da izveze svoju produkciju – dade mi gđica Puša grabulju, zalupivši vratima.

Ispod starog gimnazijskog kaputa, obukao sam tri džempera. Kad je spazila grabulju, mama je odmah znala šta me čeka pa se brže-bolje zatvorila u kujni. Na plaži vetar je razbacao ostatke dve barake srušene po dolasku Amerikanaca. Bilo je nemoguće sakupiti đubre. Naspram hotela na jedvite jade uspeo sam da prevrnem pesak i sakupim komadiće istrulelog drveća. Jak vazduh me je onesvešćivao. Smislio sam vrlo originalan način grabuljanja; da ja budem vo koji tegli plug a grabulja da bude plug koji teglim! Tako sam prošao plažu uzduž i popreko, s jednog kraja na drugi. Na zaleđenom pesku grabulja nije ostavljala tragove i ništa se nije kačilo. U četvrtom navratu ispade mi grabulja. Ruka mi se zaledila u gosn Remusovoj rukavici. Čekao sam da prođe jedan žestok rafal vetra a potom sam krenuo da je podignem. Jedan zub grabulje bio je zapeo o nekakav karton. Odustani, rekoh sebi. Da ostavim grabulju samu na plaži, da otrčim do kuće, da uskočim u krevet i da malo odspavam, da sanjam. Karton je bio *usidren* u zamrzlom pesku i nije se dao iščupati. Dunuo sam i pljunuo u dlanove i bacio se na kopanje. Parče kartona bilo je poklopac jedne kutije. Za petnaestak minuta već sam bio u kući s nekakvom kutijom od debelog i mekog kartona, zalepljenog selotejpom. Bez nalepnice. Mama streknu kad stavih kutiju na kuhinjski sto.

– Paket od Mariusa? Sakrijmo ga, da ga ne vidi tata, biće opet belaja!

– Naravno, ja sam ovde dobar samo za kavge – dobaci tužno tata s kuhinjskih vrata.

Požurih da im kažem kako sam do kutije dospeo. Na plaži, zakopana u pesku! Mama nije mogla da poveruje, niti je to želela.

– Vidi kakav domaćin, naš sin, poslao nam paket otud. Nije nas zaboravio!

G-đica Puša ušla je u kuhunju, pravdajući se da na njeno zvonjenje niko nije odgovorio, pa se bajagi uplašila: ovi su se preselili i ostavili me samu! Nemadoh kud, ispričah i gospođici kako sam kutiju pronašao, iskopao...

– Evo, još jednog dokaza da je preko naše zemlje prošlo more iseljenika. Može biti i zakopano blago iz dvanaestog veka – prosipala se čuvarka manastira.

Mama joj kratko preporuči da umukne, jer joj je dosta tih budalaština i naklapanja, presekavši nožem selotejp-traku. Otvorila je kutiju a mi se svi zagnjurismo u nju! Talas topline osetismo kako se diže iz kutije razmekšavajući nam lica! Mitroruka, g-đica Puša izvadi jednu vojnu gas-masku i nasmeja se.

– Rekla sam vam ja! Jedan iseljenik je dezertirao i zakopao svoju vojnu opremu na tlu naše zemlje! Ima tubu i filter!

Tata je izvadio još tri istovetne maske, sve opremljene tubama i filterima. Mama je izvukla dve hermetički zatvorene litarske boce. Gledala ih je netremice.

– Šta li je unutra? Ulje? Špiritus? Sirće?

– Kafa! – poskoči g-đica Puša, pobednički pokazujući crvenkasto-srebrnastu kesicu na kojoj je više nego jasno pisalo *Cafe Mokadel, poids 250 g net.*

Mama odustade od one dve boce i pohita ka poslednjem paketu iz kutije. Bila je to kesa polivinilska, hladna i teška. Istim nožem je presekla kesu i izvadila prekrasan venac kobasica debljine moje olovke. Prvo ih je omirisala a onda ih je dala nama – da i mi to isto učinimo. Miris mesa.

– Više ne treba da čekam u redovima, imaće i da pretekne. Ima dovoljno za dve pune nedelje! Evo hrane, Ilije! Spremiću ih s graškom! Da ih iznesem na terasu, na mraz.

I gospođica Puša se zajapurila, prisvojivši kesicu kafe. Bela kutija kao da se smanjila. Mama je požurila da je *likvidira* i da je što pre odstrani u kantu za đubre. I ćale se razveselio, čas gledajući gas-maske, čas zapečaćene flaše, bez nalepnice. Poslovično hrabra g-đica vešto je navukla masku preko lica, s izgovorom da nikad kroz tako nešto nije disala. Nije montirala tubu i filter. Nasmejasmo se. Kroz tubu nam je pričala da će joj kafa dobro doći u satima bdenja u ljubičastoj kućici, u iščekivanju posetioca. Mama nije odustajala – mašila se i ona maske jer je, Bože, to Marius poslao! Naša je komšika razvezala kroz tubu i šta ćemo da jedemo, i kako kobasice odavno nismo okusili, dobro ćemo ih ispržiti, Marius nije zaboravio kako je ranije dobro jeo u ovoj kući... ćale i ja smo im davali primer. Pod maskama je bilo toplije! Ćale je tvrdio da smo pravi slonovi; kafa je vrlo gorka i ima posebnu aromu, tako nešto nisam odavno pila... otkad sam bila u Kanadi! Mama prestade da se smeje, ali ne skide odmah masku.

– Čini mi se da neko zvoni!

Ne samo što je taj neko zvonio, lupao je nogom o vrata preteći da ih izvali iz šarki. Mama je žurno otvorila vrata: „Deda Mraze, Deda Mraze, ne skreći sa staze...", pevala je Lujza. Pratilac je bio visok, belobrad, s kapuljačom, u purpurnom ogrtaču, s kapuljačom navučenom preko čela, sa džakom bačenim na pragu.

„Izvoli!", obično bi se javljala Lujza iz svoje sobe a Marius, pažljiv kao i uvek, sproveo bi ga do jelke. Deda Mraz bi pratio Mariusa a mi Njega. Skrivena iza jelke, Lujza bi Ga dočekala božićnom pesmom, a potom bi skočila nasred sobe, dobro nam došao Deda Mraze!, sedi malo, odmori, dugo si putovao, hoćeš li čaj? „Bolje mu daj votku, zar ne vidiš kako se trese?", predložio bi Marius. „Budalčino!" sredila bi ga Lujza, prinoseći stolicu Deda Mrazu. „Jeste li dobri, deco!", raspitivao se Deka. Lujza bi nas u odgovoru sve preduhitrila: „Daaa!" Marius bi se kreveljio iza maminih leđa: „Baš je rođen za glumca!" Lujza je tih dana bila sušta dobrota: sluša sve u kući, briše prašinu, pere sudove, sama pegla školsku uniformu... naučila je tolike pesme. Lujza bi, razume se, pevala Deki i mama bi od sreće pustila koju... Vidi šta ti je doneo Deda Mraz! Narandže, banane, knjigu pesama, lepih pesmica koje ćeš naučiti do iduće godine! I Marius je bio zlatan. U koji razred ideš? U osmi, Deda Mraze! Ajde to, blago Dedi, izrecituj lepo jednu pesmicu, čuo sam da si najbolji iz rumunskog! Marius bi učinio korak-dva napred, mrtav-ozbiljan, s pogledom uperenim u mali tepih. „Otmicu iz Saraja" recitovao bi za čistu... „Narod koji sa elanom radi, seljaci na poljima zbratimljeni, Partija je zastava nama što zbratimljeni kongresom prema vrhu komunizma stremimo, ponosniju Rumuniju sopstvenim snagama dižemo..." Deka nije izdržao do kraja, brkovi i brada od vate pali bi, navukao bi kapuljaču na glavu, bacio bi na pod purpurno odelo, pravi si krelac, bre, Mariuse! I ćale bi ušao u kujnu jer ga je glad tamo vukla.

– Mariuse – vrisnula je majka. – Dobro došao, sine moj!

– Svevišnji! – kriknu g-đica Puša pavši na kolena. – Ljubim ruke, Vaše Visočanstvo! Podigao si se iz mrtvih da nas izbaviš!

– Kako si, bre, Dugane? Kojim poslom ti kod nas? – skide tata gas-masku.

Dan Dugan je na glavi imao kapu od zečjeg krzna i dugačak i širok vuneni kaput. Bio je to najskuplji kaput koji sam ikad video. Dan Dugan, lako uznemiren, osmehnu nam se još s vrata.

– Šta da radim, čika Ilije! Put me ovamo naneo, bio sam u zoni i spazih svetlo. Popeh se da ti poželim srećnu Novu godinu i božićne praznike, ali vidim da se ti spremaš za bio-hemijski rat.

Mama zbaci masku sa lica. Gurnu komšiku, da se podigne – dosta je bilo igre! Dan Dugan je insistirao:

– Živ da si domaćine i neka ti je srećna Nova godina, čika Ilije!
– Dan uoči Božića! – kriknu majka.
Dan Dugan se nasmeja misleći da se zavitlavamo. Da, bio je dan uoči Božića. Ćale ga pozva unutra, pokupi gasmaske, bacivši ih potom u šifonjer. G-đica Puša zastade na čas u hodniku, ne skidajući oči sa gosta, dok je mama čestito ne izgura i ne zamandali vrata. Komšika još nije sve konce povezala ali je otišla s kesom kafe. Dan Dugan je obuven ušao u trpezariju. Imao je lakovane cipele i bele čarape. Sva trojica sedosmo za sto. Iz kuhinje se lepo čulo prigušeno kikotanje, međutim ćale nije uključio TV da ga prikrije. Pružio je Duganu pepeljaru. Ovaj ne skide ni beli šal ni kapu. Diskretno je proverio vazduh, ispuštajući paru na nos. Poslužio nas je finim cigaretama. Nakon što je povukao dim, zaustavio je pogled na tavanici. Oči mu zasijaše. Možda ga je malo uzdrmao naš doček. Klimnuo je glavom, cigreta mu je gorela u uglu usana. Mrlja je bila crna. Ćale nije pripalio već je cigaretu gnječio među prstima, tresući duvan na stolnjak. Ja sam svoju pripalio Duganovim upaljačem.

Kad je mama ušla s one dve flaše i tri čaše na poslužavniku, Dugan je spustio pogled sa mrlje na sto, batrgajući se kao đak uhvaćen sa puškicom za prepisivanje. Mama se izvinila jer nije bila spremna za goste, malo je zatečena ovim svraćanjem, promrmljavši još ponešto, dopuštajući gostu da ponovi: Ali nije bilo potrebno da se uznemiravate! Imamo odlično vino. Marius nam ga je poslao, hvalila se mama. Ćale je zapalio svoju istresenu cigaretu i sipnuo je u sve tri čaše. Mama se povukla. Dan Dugan se vratio mrlji sa plafona.

– Da smo zdravi i da nam nova godina bude srećna i berićetna! – pruži ćale čašu.
Kucnusmo se. Dan Dugan sruči svoju jednim gutljajem. Ja sam samo srknuo. Vino rubinsko smrdelo je na pišaćku. Udaljio sam čašu im duboko povukao dim.
– A Marius kako je? – zapita gost. – Čuo sam da je tamo veliki čovek!
– Dobro, dali su mu kuću, dobro zarađuje, na leto se ženi – steže tata čašu a drugom rukom dograbi flašu i nali Duganu. – Čuj! Sredio se dečko! Radišan je, na tebe,

čika Ilije! Radnik svako mesto učini svetim, i ovde i u Patagoniji, isti je!
— Ali nije u Patagoniji nego u Americi!
— Sa kime se ženi?
— Našao je neku tamo. Ne znam kako izgleda, nije mi poslao sliku. Kaže da je dobra devojka, inženjer kao i on, sa posla...
— Pa naravno! Ako je i ona inženjer kao on, onda je to jako dobro. Samo da ne bude *crnka* pa da imate crnpuraste unuke — melezane, šteta bi bila da je od takvog roda! A da li te zvao na svadbu?
— Zvao me je, ali ne mogu da idem — predaleko je! Mnogo ima da se putuje.
— Postoje i avioni, čika Ilije? Kad bih ja imao vremena, sve bih uzduž i popreko...
Ćale je iskapio. Pokušao sam da pijem, sve misleći da me je nos prevario; međutim, ovo piće nije imalo ukus vina! Ugasih pikavac u pepeljari.
— Istina je — politika ti jede vreme! Konferencije, govori, okrugli stolovi — kako ih vi već ne zovete — sve jede vreme! I štrajkovi su vremenojedci!
— Čika Ilije, štrajk nije održan iz više razloga. Ako bih se sad upustio u analizu, video bih, da si i ti kriv za propast štrajka.
— Zašto?! — nasmejao se ćaća. — Kako da govorim ljudima kad štrajk nije bio proglašen? Nije mi svraka popila mozak!
— Nemoj tako, čika Ilije! — osmehnu se mazno Dan Dugan. — Ja sam ti rekao da si ti operisan od stvarnosti. Uči se na greškama a mi smo prinuđeni da ih potom raščlanimo. Neću da kažem da si ti glavni krivac, što se tiče ovoga problema, međutim, treba da zbijemo redove, da se objasnimo ljudski, ne mareći za generacije, strategija...
— Bukurešt vas je otpisao!
— Ne! Naprotiv! Vidiš kako živiš s predrasudama?! Ima drugova u Bukureštu koji bi hteli da te upoznaju. Čuli su za tebe. Instrukcije iz Centra su jasne: trebaju nam kao hleb provereni, iskusni ljudi! Ti to jesi. A imaš i vremena. Šta? Zar ti ne bi odgovaralo da uzmeš koju paru? Politika, čika Ilije! Izneo sam tvoj problem već nekoliko puta na dnevni red.

– Gluposti. Ne treba vam niko! Znam ja dobro vas! Trebaju vam samo paravani da na miru operišete...

– Ako zatreba, podići ćemo revoluciju, našu, radničku. jaki smo ko zemlja!

– A posle toga sve ćete šutnuti u dupe! – slatko se nasmejao ćaća, iskapivši vino do dna. – Dugane, šta će tebi štrajkovi i revolucije? Para imaš nafatirao si se, kuću si stekao, mlad si još, zašto se, bre, ne oženiš, dok su ti još svi zubi u glavi? Da nađeš devojku prema sebi, da ti poput sunca kuću obasja! Lutaš sa ovim bitangama! Zar ti nije dosadilo?! Upravo to: zar je moguće da ti nijedna nije srce takla da se maneš politike?

Dugan obori pogled na vinsku fleku na stolnjaku. Potraži cigaretu. Nije nas ni poslužio! Imao je jedva nekoliko. Nervozan, pripalio je. Načeli smo drugu bocu vina.

– Čika Ilije, ja sam se zatreskao u jednu devojku, ali ne verujem da će me hteti njen otac!

Ćale se naglo okrenu i uključi televizor. Deda Mraz u TV studiju doneo je poklone nekakvoj hendikepiranoj dečurliji, okupljenoj pred džinovskom jelkom. Ćale utiša TV i napuni nam čaše.

– Razmatrali smo tvoj slučaj na nekoliko sednica. Drugovi su razumeli i vrlo su zabrinuti. I Bukurešt je obavešten, ali oni još nisu rešili da mi ovde nešto preduzmemo!

– Nisam se ni nadao...

– Rekao sam: još uvek! Glavni problem koji ih sprečava da zauzmu pozitivan stav jeste delatnost koju tvoja ćerka obavlja u saradnji s Američkim konzulatom. To je aktivnost sa kojom se mi ne slažemo u osnovi. To što je Marius otišao, drugovi su nekako razumeli, vidiš i sam da smo se rešili starog mentaliteta, otarasili starih navika... Međutim, u Lujzinom slučaju – njen aktivitet nije opravdan! Ako je ubediš da prestane, na prvom ćemo se plenarnom skupu vratiti tvojoj stvari da je skinemo sa dnevnog reda!

– Daj mi deset miliona i ženi Lujzu!

– Previše je, čika Ilije! Previše – odgovorio je Dugan ne trepnuvši.

– Moja ćerka nije zavarivačica da joj razmičeš guzove u trećoj smeni! Pa čak i da mi sin pošalje poziv, ti si Lujzin muž. I ostaćeš njen muž. Slušaj, bre, šta ti govorim: deset miliona...

– Bez garancije, čiko? A šta ako vam ne pošalje poziv? Šta ako nas bude tušta i tma pa nam Amerikanci ne odobre vize? Mnogi od starih *boraca* su u njihovom kompjuteru! Šta ako sam među onima kojima nije dopušteno da uđu?! Vi odete a ja ostanem praznih ruku, kratkih rukava.

– Nek se nosi, bre, taj kompjuter, gde je našao baš tebe da snimi, jednog jadnog sekretara partije u Brodogradilištu. Baš si glup!

– Nisam glup! Ali nemam garancije!

– Koj' će ti vrag garancija kad imaš ženu u krevetu? Evo, imaš moj blagoslov! – Sipao je vino sa dna flaše podigavši čašu.

– Čika Ilije – požuri i Dugan da se podigne. – Čika Ilije, ja verujem tvojoj reči, ali tamo se ne smem igrati glavom! Krenuću iz početka, radiću! Ako nas tvoj Marius pozove, znači da će nam pomoći, zar ne?! Neće nas ostaviti na ulici, bez posla!

– Ovo je vaš posao! Plašiš li se, Dugane, a?

– Ne znam! Tako... Drugi je to svet i pitaće me šta sam radio u Rumuniji kad sam stigao do njih? A ja, šta da im kažem?!

– Kazaćeš im da si stiskao suvu drenovinu dok nisu prokapale pare. To će ih oduševiti!

– Ha, ha! U pravu si, čika Ilije! Nek se nose oni i njihova partija!

– Ako sam ovde pravio novac, zašto i tamo ne bih mogao! Znam da perem sudove – to su me naučili, mater im jebem komunističku! Ako sam razumeo, ti nećeš da ideš!

– Nikud ja ne idem – odbrusio mu je kratko ćale, dižući pogled prema plafonu. – Međutim, ovde moram ostati čist. Ima onih koji poznaju dobro moju prošlost. Ne mislim na te tvoje kurajbere iz Bukurešta. Imaju ranije moje papire, s potpisom... Ne znam kako su se toga dočepali!

– Ucenjuju te, znači! – skočio je kao oparen Dugan.

– Još ne, ali ako odeš, biće mi teško a još ako puste te vražje papire u novine, ne verujem da ćete *omirisati* vize! Dovoljno je da se u lokalnim novinama pojavi moj angažman...

– Ajde, da se ljudski nagodimo. Koliko traže za te papire?

– U tom grmu leži zec – neće!
– Razumem. Delikatna stvar, čika Ilije! Koštaće te, da znaš, bez obzira ko je ta osoba. Nadam se da nije neka javna *zverka!*
– Ma ne!
Dan Dugan me je fiksirao čeličnim pogledom, a onda se okrenuo tati.
– Osoba koja ti smeta biće uklonjena, ako mi daš Lujzu! I dajem ti pet miliona leja pride.
– Šest miliona.
– Dobro, kad si toliko zapeo – šest! Potraži me posle praznika, da vidimo drugu jednu stvar. Ali hoću i devojku! Da upoznamo narav. Čuo sam već da je pravi đavo! Meni se takve najviše sviđaju, čika Ilije! Preuzeću svadbene troškove a da se ti potrudiš oko vize, kad bude trebalo! Istina je da ja volim Lujzu, pametna je, liči na tebe... Nek si mi živ i zdrav, taste!

Stisnuli su jedan drugom ruke preko stola a potom, u nedostatku pića, stadoše da zbore o gradilištu, o brodovima koje je tata *ispratio na put,* o tome kako je nekad bilo... Tako su mlatili praznu slamu još dva puna sata. Prisećali su se svakojakih gluposti. Kako je bilo s onim novinarom koji je došao kod njih, kod ekipe, da piše sa lica mesta o radu brodara, pre jedno četvrt veka. Žgoljavko sa naočarima, klempav, mogao si ga oduvati, prisetio se Dugan, koji je nekako u to vreme završavao srednju večernju školu. Čuj! Hoće ćora da piše o radu, nasmeja se ćale od srca. Šta da mu kaže o radu, ako ne vidi sam?! A šta ako je došao po nalogu Druga? Da dođe gosn novinar posle radnog vremena. Klempavko ga je sačekao na kapiji gradilišta, otišli su zatim u restoran sa baštom i nisu se čestito ni smestili kad je jadnik rekao: „Evo, druže Hermeneanu, koja je situacija! Vidiš li ovu ruku? Njom pišem skoro sve što ti govoriš. Ali vidiš li ovu drugu? I pokaza levu. U ovoj treba da držim čašu. „Čuj! Majke mu ga spalim! Da drži čašu!? Ha-ha!" Ćale se podiže, zastavši zabljesnut suncem. Trebalo je da ga zvizneš, čika Ilije!, gotovo pokajnički dodaje Dugan. U nedelju, svoje ime tata je otkrio u novinama. I svi su mu čestitali za izjave date novinaru. Baš znaš da govoriš, druže Hermeneanu!

Dan Dugan je kasno otišao. Poželeo nam je još jednom srećan Božić i srećne praznike. Mama je pokupila čaše rekavši ocu da je Dan Dugan lep muškarac, ali već na zalasku, jesenji. Sledećeg dana, mama je imala modru šljivu na oku. Zato što je greškom rekla da je vino od Mariusa ili da je smrdelo na urin...

– Mislim da sam pogrešio – uozbilji se najednom gosn Remus, zureći u flašu koja se otkotrljala čak do mojih časopisa. – Bolje da sam je ostavio u ledu i da je kroz dve nedelje plima pokupi i odnese je tako toplu na pučinu. Bila je očito bačena od ruke nesrećnika. Pokušao sam zubima da izvadim poklopac ali je bio svojski zapečaćen. Odložio sam je na sto Poštanske Službe. Više se nije prevrtala.

– Fantastično – poskoči starkelja. – Kod tebe već stoji! Izgubila je moć!

Zgrabi bocu i spusti je malo dalje od mene. Nepomična kao bilo koja druga.

– Ali, bio si svedok onoga što je bilo ranije! Hoćeš li svedočiti?! Obojici će nam lakše poverovati!

Uzvici starca narušiše mir u sali Poštanske Službe. Službenici nas popreko pogledaše. Jedna od onih iza šaltera dojuri da vidi šta se događa. Eto razloga da me likvidiraju, da me uklone odavde! Uzeo sam već svoje časopise i ustao. Starkelja je smežuranom rukom pokušavao da me u tome spreči.

– Zašto lepo ne priznaš da je ova flaša bila začarana. Pisaću NASI. Staviću te na listu svedoka! Međutim, njegova ruka zakači bocu koja se skotrlja do ivice stola i pade. Razbi se u paramparčad, staklo si mogao naći po celoj sali Poštanske Službe. Svi gotovo premrše.

– Šta ti je čoveče?! Izađi napolje ako si se već napio! Niste našli drugo mesto da se nalivate, a?!

Nisam više mogao da slušam grdnju. U Poštanskoj Službi *harao* je miris parfema što je nekad *carevao* u Lujzinoj sobi. Gosn Remus žurno pokupi parčiće flaše u korpu za otpatke.

# 8

Juče sam kupila kobasice. Čekala sam dva sata u redu dok su ih doneli, dok su ih istovarili, svi su bili tako nervozni, ali ja sam ćutke čekala i molila se da ostane štogod i za mene. Putem sam mislila kako bi bilo dobro da se vratiš kući. Imala bih, eto, šta da ti stavim na sto. Spremila bih kobasice sa graškom, kako si ti najviše voleo. Ali od tebe ni slova ni glasa. Nisam te čak ni sanjala. Otac jeste – čak dvaput. Ja te nisam sanjala otkad si otišao i to me boli, čini mi se da ni Bog više ne drži do nas. Idem gotovo svakodnevno na poštu, ali mi poštarka samo klimne glavom, što znači: nemate ništa, gospođo. Da nam barem pišeš, da nam kažeš gde si, šta radiš, kad se vraćaš, bila bi mi duša na svom mestu. Svet nas ogovara. Zar misliš da mi je lako da crvenim od sramote kad me gospođica Puša priupita jesi li nam pisao? Ne prebacujem ti kao što je on čitavog života zamerao meni da me je uzeo bez miraza, da sam bila bez službe, da je gledao kako sam vas podizala!

Da si bar pisao, dragi Mariuse, kako bilo da ti je, bilo bi bolje. Jesi li u Bukureštu ili u Oradi ili u Americi za mene je isto, svejedno si daleko od mene. Makar da znam treba li ti štogod, kako se hraniš, šta oblačiš, gde spavaš. Veruj mi, evo, pišem ti mada ne znam kuda pismo da ti pošaljem, staviću ga u fioku, kad se vratiš da imaš šta da čitaš, da lepo vidiš koliko sam patila za tobom.

Postoje dani, recimo nedelja, kad dreždim kraj prozora kao luda i pitam se gde si a on me vidi da patim i, ako mu je ćef za svađu ismejava me (čekaš sina a njega baš briga!) ili, ako je dobro raspoložen, kaže da nije lepo od tebe što mi ne nažvrljaš makar jedan red, jer sve što je bilo nije se zbilo našom krivicom. Tako nam je pisano! Zar ne misliš da on pati jer sin ga je izdevetao pa utekao? Pati, dabome, da pati – insan je! Možda smo ukleti da se celog života gložimo, naročito kad nam je život takav kakav je. I ti to sve dobro znaš. U ovim vremenima nevoljnim pare nam ne dostižu. Juče, pošto sam iznela kobasice na balkon, skuvala sam dva-tri krompira i sve sam to zbrisala, šta drugo da uradim – bila sam gladna. I – briznula sam u plač! Eto, gde sam stigla! Ostaje mi još samo da izađem na ulicu da prosim. Misliš da bi se on pomerio? Već mi je nekoliko puta prebacio što ga nisam napustila. Ali kuda da se denem? Danas ako nemaš koga da te pomogne – loše ti se piše! Ja nisam nikog imala i morala sam da jedem hleb koji se kući donosio – dobar, gorak, ma kakav da je bio, samo da vas podignem, da postanete svoji ljudi. Šta sam mogla? Ostala sam sa njim da bih vas izvela na put. Možda ćeš i ti jednom imati dece pa ćeš se setiti ovih reči...

Kad sam mu saopštila da si otišao u Ameriku nije se radovao, slegnuo je ramenima, tek beše stigao s farme; proletos je brao paradajz, tamanili smo ga, pravili salate... Lujza se svojski radovala zbog tebe. I sa njom imamo muke. I sve tegobe samo se meni isteruju na nos. A ona je otišla od kuće. Zalivadila je fakultet, ti i ne znaš, ona je prošla na Pravnom, odmah nakon tvog odlaska. On ju je žestoko odalamio. Ni za nju ne znam gde spava, šta jede, radi li što, svet nas olajava, ne mogu više... Tvoja sestra navaljuje da idemo tamo, u slučaju da se ti tamo ustališ i pozoveš nas. Ne dade Bog da jedared dođe i pošteno nam kaže gde je i šta je sa njom nego nam servira da ako primimo tvoj poziv prodamo kuću i sve i idemo svi. Govori kao sumanuta. Kako da odemo? Recimo, zbude se to što ona kaže, ali šta mi tražimo tamo? Gluvi kod jezika, ne znamo ni običaje; pa čitavog života odavde nismo mrdnuli! Šta misli ona, da ćemo tamo, kod tebe, živeti lagodnije nego ovde? Gledamo mi televiziju, slušamo pomalo i ljude koji govore u redovima, ni tamo nije med i mleko, naročito u našim godinama. Prosto ne znam ko joj je takve gluposti uvrteo u glavu? Ali šta da činim? Ćutim i plačem ko kiša. Tako mi je kad sam prokleta da nemam mira ni s jednim detetom. Sestra ti živi s Remusom. Takav je život. Sama mi je to priznala. Bio joj je prvi muškarac. Znači li ti nešto to, Mariuse? I otac to zna. Video ih skupa, na ulici. I kad ga uhvati ćef za svađu dođe u kujnu i kaže sve najcrnje na njihov račun. Da se bar ljucki uzmu, da izvade dokumenta, da svet više ne ispira usta njima. Ponekad se umirim, šta ako je razlika u godinama? Glavno je valjda da se lepo slažu. Kod mene nije bila razlika i evo šta je ispalo?! Molim te ko Boga, najdraži moj, ako se to desi, da samo njima pošalješ poziv, nas da ne diraš odavde. Meni je dovoljno da mi pišeš, da znam gde si, da si dobro, da si zdrav... Pomisli da u životu pare nisu najvažnije, niti konfor; dobro je da pored sebe imaš čoveka koga voliš i da si voljen. Mi se nismo ni voleli, možda sam baš ja kriva. Ti mi zameraš što sam mu rekla za devojčin pobačaj, za vašu čvrstu nameru da se rešite toga. Ali kome sam mogla da kažem? Zar nije on tvoj otac?! A preko vam je bio potreban novac. Ja nisam mogla da vam ga rodim. Mislila sam – razumeće. Otkud sam znala da će se usprotiviti, da će otići da vas otkuca? Dobro je što se svršilo kao što i sam znaš. Verovatno si čuo kako se Kristina izvukla. I njeni su roditelji saznali ali nisu došli do nas da nam prebace, da nam prete, da nam se svet izruguje. I njima je bilo tegobno. Minulo je već nekoliko godina a ja ih još nisam srela, a da sam i nabasala na njih ne bih znala šta da izustim. Kristina se nije udala. Možda je zbog tebe jedared svratila do nas. Srećom, bila sam sama u kući. Kad sam je videla na vratima odsekle su mi se noge. Još uvek je lepa i otmena. Zadržala sam je u kujni, na čaju. Još jednom nije prošla na konzervatorijumu. Pokušala sam da je utešim. Čudi me da i pored novca njenih roditelja nije uspela na fakultetu. Ponosim se što si ti uspeo i bez novca i da si učio bez ičije pomoći. Ne znam samo ko ti je pomogao i kako si tamo dospeo. Sa razglednice sam razabrala da imaš nekakvu stipendiju. Kristina zna da si otišao. Kad sam se požalila da nam ne pišeš udarila je u plač, jadnica, ne znam samo da li je plakala zbog tebe ili zbog ispita, ali me je bilo strašno žao nje. Odmah sam joj prinela čašu ladne vode i jedan „ekstraveral", i ja ga ponekad uzmem kad me skole glavobolje. Šta ćeš, teško je da te roditelji zadrže kod kuće. Kao da i mi nismo u istoj situaciji?! Tvoj braco se šeta, bistri svoje časopise, beleži, beleži ne znam šta u neku svesku, mnogo spava, brzo se znoji i ćuti, namrgođen. Bože moj! Kad bih imala para, gomilu para, da odem sa njim kod dobrog doktora. Da mu prepiše lekove pa da ga pošalje u neku banju, na čist vazduh. Tvoj otac stalno gunđa što ne traži neku lakšu službu, da postane barem cepač karata ili rasturač novina. Ionako ne može bez novina. Bar bi pare uzeo! Proklet da je dan kad se okupao u pesku! Neću da grešim dušu ali bolje bi bilo da je ostao ugušen u jami nego što živi ovako, mučeći se. Letos je imao neviđenu krizu. Jedva je pretekao...

Ne, da se vratim. Kristina nije ostala dugo. Rekla je da je navratila da me vidi i da će opet naići. Nije dopustila da zborimo o tebi, kako sam primetila, stalno je gledala nekud pred sebe, unezverena. Ova devojka te nije izbrisala. Ne znam ti ja baš najbolje šta je sve bilo među vama. Zar baš nije mogla da sačuva dete? Da se lepo uzmete.

Toliki se parovi venčavaju s detetom na putu. Njeni roditelji bili su protiv? Kućili biste se, bili biste ljudi. Da ti je bilo navrlo da ideš u Ameriku išli biste skupa. Zašto se sve zbilo ko što se zbilo? Opet ćeš krivicu svaliti na mene zato što sam mu se poverila.

Pošto sam joj dala „ekstraveral" otišla je i nikad više nije svratila do nas. Nije ni varoš napustila, ali to me se već ne tiče. Postoji more devojaka na ovom svetu! Da znaš, Mariuse, nije bilo to korektno sa tvoje strane. Dakle, „ja sam se naljutio a vi berite brigu!" Lujzu sam razumela. I sama sam bila na njenom mestu. Dosta sam batina popila. Ona je imala petlje da ode! Ah, ti muškarci, ma šta da se desilo nije trebalo da nas napuštaš. Za jednu ženu, kao što sam ja, ili Lujza ili Kristina, teško je da bude sama. Ali, takvi ste vi, muškarci, baš vas briga, odlazite a mi treba da pretrpimo sve. Dobro je što učiš, ali nije u redu da ostaneš. Ili tamo ili ovde, glavno je da sreću nađeš. Neću da ti zvocam, ali ne zaboravi da imaš majku koja ti nikad nije zlo želela i od koje uvek imaš savet.

9

Baš onog dana kad su počele revanš utakmice državnog fudbalskog prvenstva, sat pre direktnog prenosa sa stadiona iz Ploještija, pozvonila je na našim vratima Lujza i mama joj je otvorila. Uđe pravo u trpezariju, izgovorivši odlučno „ljubim ruke" i sede kraj tate, što dremuckaše uz televizor, u iščekivanju utakmice. Ćela je povukao, do tada, ispružene noge, povukavši se na drugi kraj ležaja. Lujza pripali stranu cigaretu i zatraži pepeljaru. Bilo je jasno iz aviona da ima para. Nije se specijalno obukla za ovu posetu, ali, kako je mama primetila nakon njenog odlaska, imala je čizme od prave kože, suknju od štofa koja je sigurno koštala koliko tatina penzija i jaknu... Lujza se snašla!

Zgrada američkog konzulata bila je skoro gotova. Gospođica Puša nas je obavestila da se intenzivno radilo na završnim unutrašnjim radovima i, istovremeno, doneti su, u zatvorenim kamionima, nameštaj, sanitarne instalacije i kućni aparati; sve upakovano u bele džinovske kutije, pažljivo skladištene u dvorištu iza zgrade. Lujza više nije radila, verovatno joj je istekao ugovor.

Radovi su započeti još pre Božića, rušenjem četiri kuće iz Kristinine ulice, stare kuće, na samom kraju ulice. Akcija je trajala celu noć, bez veće buke, tako da su se komšije probudile na ledini gde su se odmarala dva žućkasta buldožera i druge čudne sprave kojima je upravljalo pet-šest *specijalaca* u plavim radnim odelima s belim kacigama na glavi. Građani se nisu smrzavali. Među njima, kako nam je na vreme ukazala gospođica Puša, beše i Lujza, isto uparađena. Radnici se nisu jedan drugom obraćali, vrzmali su se po brežuljcima od šuta; ne bi te ni primetio ako mu zatražiš da ti pripali cigaru – negodovala je naša komšinica. Ni Lujza se nije osvrtala na one koji su je provocirali pod različitim izgovorima.

Nakon što su očistili teren, *specijalci* su ga ogradili visokom ogradom od bodljikave žice što je još više ražestilo građane naše varoši. Ni gradonačelnik nije bio ukapirao o čemu se radi, iako je izašao na lice mesta, pokušavši da to otkrije od *šljakatora;* bi prinuđen da telefonira u Bukurešt. Nedelju dana uoči Nove godine pojavila su se i dva moderna žuta bagera, nekoliko *plavaca,* jedna mešalica i gomile najrazličitijeg građevinskog materijala. Nove mašinerije bile su donete gotovo nečujno, preko noći. U varoši, kao po navici, glasine su haotično kolale: da će oni iz Bukurešta podići zgradu sa dvadeset spratova, da će se izgraditi telefonska centrala ili da će se otvoriti neviđeni supermarket... Zinuli od čuda, njih tridesetorica--četrdesetorica neminovno prisutnih *svedoka* gradnje zapanjeni činjenicom da trudbenici rade punom parom već deset sati samo sa predahom za obrok, na polovini programa. Nakon toliko sati, žuti bi se kombi zaustavio pred kapijom od bodljikave žice ukrcavši ove čudne i vredne jedinke. Lujza je, razume se, bila među njima. *Auditorijum* je ostajao čitave sate nadomak gradilišta, vatreno raspravljajući, protivrečeći jedni drugima.

Jednog jutra, obavestila nas je naša komšika, *specijalci* iskrcani iz žutog kombija otkrili su da im je *odleprašo* jedan žućkasti bager. Nekolicina se smejuljila ne gubeći nadu. Ograda od bodljikave žice bila je netaknuta. Ni kapija nije bila razvaljena. Drugog dana, na gradilištu je osvanuo jedan bager gotovo isti kao onaj odranije – samo ovaj beše narandžast. Radoznalci su se množili i njihovo zaprepašćenje vidno je poraslo. Kroz bodljikavu žicu danonoćno je kolala struja visokog napona, a pred kapijom gradilišta bio je posađen jedan *gorila* – kako ga je krstila gospođica Puša – gorila sa glinom u dupetu – dodao je Grigore Postolake, ljubomoran na tipa u vojnoj uniformi, s kolonijalnim šlemom natučenim na glavu, u teškim cokulama koje su mu dosezale do kolena. Gorila nije cvokotao od zime – stajao je nepomičan kao spomenik, s pogledom uperenim napred, nije odgovarao na pitanja, pipanja, psovke naših ljudi očito iznerviranih njegovom nemošću. Nemac je, zaključi gospođica Puša. „Kako da bude Nemac!" protivrečio je narednik. Ko je još video Švabu crne boje? Svako dete već zna da su Nemci plavi i da loču pivo. Individua je Amerikanac, narednik u američkoj vojsci, zaključi Grigore Postolake. I naši mu poverovaše. Znači gradilište nije moglo biti ništa drugo do objekat finansiran i urađen od američke strane. Ali šta li podižu? Novine naše varoši nisu rešile ovu misteriju, naprotiv, lansirale su gluposti. Iako se radilo u za nas još neviđenom ritmu, iz gradilišta se nije dizao ni najmanji oblačak prašine. Gorila sa ulaza danonoćno je vrebao, napuštajući mesto samo kad bi odlazio na obrok u unutrašnjost gradilišta. Džabe su se mučili pitajući ga ponešto na engleskom, naši su ostajali bez odgovora. Bio je nem kao crni labud! I ta stvar ih je izvodila iz takta. Raščulo se da će se formirati trupa od deset *dželata* koji će napasti crnog američkog narednika, da ga nauče pameti i redu, da ga pouče rumunski, uprkos kaubojskom pištolju zadenutom za pojas, na videlu. Ali kad je to stiglo do Grigorea Postolakea ideja je pala u vodu. Međutim, jedne nedelje gospođica Puša bila je očevidac senzacionalnog događaja. Ugnezdivši se u neposrednoj blizini američkog narednika, provokativno mu se rugajući, bila je zapanjena Kristininom pojavom, u belom mantilu, sa prirodnim lisičjim krznom. Ne zaustavivši se pred Amerom Kristina ga pozdravi na čistom engleskom. „I osmehnuo joj se!", ciknula je komšika naočigled auditorijuma od skoro stotinu duša skupljenih odmah nakon ovog događaja. Kristina je bila tražena po varoši i kod kuće ali je bila iščezla. Na njenu sreću! Mogla je biti linčovana, tenzija je bila dostigla vrhunac zbog ove dogodovštine.

Javno mnjenje je smirio arhitekta iz prestonice. Bradati patuljak je ušao u gradilište, gorila mu je ljubazno otvorio kapiju. Zadržao se tamo oko tri sata, šetajući se tamo-amo naočigled revoltiranih pogleda prisutnih. *Plavci* mu nisu pridavali pažnju. Patuljak je nešto šarnuo u notes i izašao, ispraćen istom ljubaznošću gorile. Ljudi su se sjatili oko arhitekte bombardujući ga pitanjima. Bila je nužna intervencija dva policijska voda na čelu sa narednikom Grigoreom Postolakeom, da bi se oslobodili *zatočenika*. Takođe, uz pomoć milicijskih snaga predvođenih narednikom, arhitekta je održao konferenciju za štampu u Skupštini opštine, gde je piskavim glasom odgovorio na pitanje što je buknulo iz stotinu grudi: „Na tom mestu se podiže zgrada američkog konzulata, biće dvospratnica. Po međunarodnom sporazumu," dodao je Bukureštanac, „prostor koji zauzima zgrada smatra se američkom teritorijom." Nakon ovog dogovora koji je definitivno umirio varošane bradati patuljak je otišao bez milicijske pratnje, iako je gospođica Puša držala da je sledećeg dana opazila arhitektu kako se vrzma oko naše zgrade grozničavo nešto beležeći u notes. Od tog dana, nije bilo gužve ni čuda u blizini gradilišta. Zgrada konzulata je porasla već do drugog sprata, kao što je i precizirao patuljak. Na mesto ograde od bodljikave žice bio je podignut zid visok dva i po metra. I kapija je bila zamenjena vratima od kovanog belosrebrastog gvožđa. Trotoari su bili nasuti a pred ulazom bila je montirana ljubičasta *štenara,* viša od štenare gospođice Puše, u kojoj se smestio, u stavu mirno, američki narednik.

Utakmica u Ploještiju je počela. Lujza je pušila povremeno bacajući pogled na mrlju sa tavana. Tako golema i crna ličila je na ćebe spremno da nam padne na glavu. Mama je pitala Lujzu hoće li šta da prezalogaji; pripremila je grašak s kobasicama koje je držala u frižideru jer se led već otopio. Stiglo je proleće! Moja *seja* je to ladno odbila. U poluvremenu utakmice naglo je ustala na šta se mama trže uplašivši se da će Lujza otići tako bez ijedne reči. Ali Lujza uđe u njenu sobu, u kuhinju, a zatim prođe kroz moju sobu, kroz kupatilo, otvori frižider i – vrati se. Kružila je oko stola, bez ustručavanja lupivši o šifonjer, stalak, stolice i posle ovih *provera* svali se na krevet, na svoje mesto.

– Došla sam da vam javim da treba da se spremite. Svaki dan zakašnjenja koštaće vas đavo i po...
– Da, da! Koštaće đavo i po! A kako ćemo s parama? – zainteresovala se mama.
– Da prodamo sve stvari iz ove *jazbine* i da emigriramo.
– Zašto da emigriramo?
– Zato što ovde živimo kao emigranti – razdra se Lujza na mamu. Šta 'oćeš, da ostaneš do kraja života sa izbečenim očima na prozoru i da bazaš kao luda besciljno po ulicama?
– Lujza! Kako možeš tako da kažeš? To znači da me pratiš i da te je sramota da me sretneš na ulici!
– I Americi će biti teško, ali ne teže nego ovde.
– Zašto? – branila se mama. – Ovde, i u dobru i u zlu, snalazimo se i sa jelom i sa novcem, imamo krov nad glavom...
– Da ne mlatim praznu slamu, pitam vas ko ide a ko ostaje. Sad mi recite.
Čuo sam samo prodoran glas sportskog reporetera iz Ploještija. Svi smo zurili u televizor.
– Mi ostajemo ovde – reče tata, pomno prateći meč.
– U tom slučaju mi trebaju pare! I rešićete se mene zauvek! Daš mi pozajmicu i kad stignem vraćam ti. Pravićemo zvanični ugovor!
– Dođi za dve nedelje.
– Da ne bude prekasno!
– Neće biti.
Lujza ustade i mama je isprati do hodnika, otvorivši joj vrata bez reči.

I pored toga što su počele revanš utakmice državnog fudbalskog prvenstva vetar se nije smirio na našoj obali. Zima je prošla bez snega. Bespogovorno sam napustio službu u pošti. Pod ćebetom sam mogao ležati u pižami čitajući svoje časopise. Posle sati provedenih kraj prozora mama je izlazila iz kuće. Ćaletu je tražila neku crkavicu i nakon dva-tri sata bi se vratila sa sapunom, sa kesom sode ili kilogramom krompira. Ćale više nije napuštao kuću. Čak ni nedeljom, da se prošeta na olupini tankera. Dreždao je pored televizora ili spavao. Jeo je u strogo predviđeno vreme. Nije se ugojio.

U zamenu, oslabila je gospođica Puša. Kad sam je sreo na stepeništu konstatovao sam da joj je mantil stajao kao na loše građenoj drvenoj lutki iz vitrine sa lošom robom. Jedva se penjala uz stepenice. Rekla mi je da su preminula dva penzionera sa poslednjom željom da budu kremirani. Došla su dva automobila iz mrtvačnice i pokupila ih. Bog da im dušu prosti! „I ja ću umreti! Zar ti nije majka rekla?" Rekoh joj da ne trabunja. „Više ne mogu da spavam zbog kafe koju mi je Marius poslao. Osvetio se! Uzalud pokušava tvoja majka da ga opravda, Marius se osvetio!" pre nedelju dana, naša je komšika otvorila kesicu kafe i samlela nekoliko zrna. Pila je kafu u ljubičastoj crkvenoj kućici, da se ugreje. Te noći odspavala je dva sata. Nije se prepala. Patila je od nesanice kad joj je stegao išijas venozne noge. Sledećeg dana, u kućici, popila je još jedan termos kafe i celu noć nije mogla oka da sklopi. Zurila je u televizor do kraja programa, a potom je s očima uperenim u tavanicu ostala do jutra, kad se digla iz postelje i otišla na posao. „Više ne mogu da spavam! Razumeš li ti mene? Ne mogu više!", glasno se jadala žena drhteći pod tanušnim mantilom. Odnela je kafu u jednu laboratoriju na analizu. Kafa je bila više nego normalna: bez prevelike doze kofeina. „Ne mogu da spavam zbog Mariusa!" Gospođica Puša je imala grozan apetit, nije patila od vrtoglavice, nije povraćala, bila je bez podočnjaka, srce joj je radilo kao švajcarski sat, ali nije mogla da spava. Nagledala se seksi i porno-filmova na privatnim TV programima.

– Umro je gospodin Smit – promenila je temu gospođica. – Umro je, jadnik. Znaš li ti, bre, ko je on? Ne znaš! Upoznala sam ga kad sam bila u Kanadi. Čovek na svom mestu. Starost ga je sahranila. Bio je čuvar jednog stovarišta metalnih otpadaka, starog gvožđa, tačnije. Imao je kućicu kao moju. Sirotan. Zar ti ne bi hteo da se zaposliš kao čuvar?

– Umesto njega bih!

– Ne, dragi, umesto njega, jer takvog bolesnog kao što si ti ne primaju u Kanadu, nije to zemlja bolesnika. Ti tamo gotovo i da nemaš šansu. Predlažem ti da radiš na mom mestu, u manastiru.

– Idete u penziju, gospođice?

– Ne dolazi u obzir! Stari Smit mi je obećao da će pre smrti razgovarati sa svojim šefovima da... uskočim na njegovo mesto. Evo, umro je, jadnik, i zalagao se za mene. Vlasnici su mi poslali telegram da je umro stari Smit. Šta kažeš, nisam li rođena pod serećnom zvezdom? Ako baš goriš od znatiželje ja sam predala već dokumente za odlazak. Puštam te na moje mesto. Razume se, to je samo predlog. Ako me odbiješ, nema ljutnje. Možda će se prihvatiti tvoja majka.
– Odlazite da biste tamo radili kao čuvar? Jesu li vam oni predložili mesto?
– Ne izričito, ali su me obavestili da je Smit umro. Znači, više je no očigledno da sam im potrebna. Treba samo da stignem, da ugovorim platu i – toliko! Ah! Osvetiću se za sve ono izgubljeno vreme! Biće prelepo, veruj mi! Tamo ću se preporoditi!
– U tim godinama?
– Kojim godinama? – zbunjeno se zaustavi Puša.

Silazila je stepeništem na kome sam se ja zaustavio da je saslušam kad me zgrabi za okovratnik mantila. Glas joj je podrhtavao.

– Da li sam stara? Pogledaj me dobro! Jesam li stara?
– Nisam hteo da vas povredim...
– Zaveži! – Odgurnu me. – Trebalo je tada da ostanem. Tada... Sad bih vas zatrpavala razglednicama, kao Marius... Ali šta ako nas je Marius sve izigrao? Smestio se negde u zemlji i šalje nam razglednice kupljene od švercera? Poštanski pečat – ništa lakše za falsifikovanje!

Gospođica Puša se pope jedan stepenik.

– Ni tvoja majka više ne može da spava zbog Mariusa! Da li gospodin Hermeneanu zna da tvoja majka noću izlazi u šetnju i luta kao poslednja skitnica po varoši? Ja ako ne mogu da spavam, gledam kroz prozor i – vidim je svake noći! Mislim da je tvoja majka sita kuće.

Nekoliko uzastopnih noći sam naćuljenih ušiju ležao pod ćebetom. Povremeno sam išao u kupatilo da bih prošao kroz hodnik i video da li su mamine cipele na svom mestu. U trpezariji, ćale je hrkao. Noći koje sam izgubio bile su mirne. „Zašto imaš podočnjake?", pitala me je mama jednog jutra nakon što sam popio čaj. I ona je imala podočnjake. Zamolila me je da joj prepričam najnovi-

ju knjigu koju sam pročitao. Za pola sata, diže se od stola, veza maramu i obu se.
– Ovu knjigu si mi već prepričao!
Ćale je već bio uključio televizor. Mama mu je zatražila koju paricu, a potom je sišla s zgužvanom krpenom torbom u džepu od mantila. Zaustavila se pred zgradom i pažljivo zagledala u naše prozore. Uputila se prema autobuskoj okretnici.
Sišao sam preskačući po dva-tri stepenika. Na pedesetak metara od ulaza u zgradu stajao je žuti kamion i dva muškarca u plavim kobinezonima su pušila, oslanjajući se na otvorena vrata kabine. Trčao sam do okretnice. Vetar me je šibao po licu. Naspram prvih četvorospratnica spazih mamu. Već je prošla kraj stanice, grabeći ka bulevaru. Hodala je brzo, s rukama u džepovima. S vremena na vreme pogledala bi koji izlog ili prolaznike na trotoaru. Priključila se u jedan red, sa dve kolone, koji je izlazio iz bakalnice, ali nije imala strpljenja da ostane. Posle kratkog dijaloga sa jednom osobom iz reda produžila je svojim putem. Pratio sam je u stopu, na nekih sedam--osam metara. Na raskršću ne beše narednik Postolake. Mama je ušla u Kristininu ulicu. Jednom se ustavi da maramu na glavi bolje priveže ogledajući se u staklu parkiranih kola. Sakrio sam se iza golemog debla. Nakon nekoliko koraka obretosmo se kod Kristinine kuće. Mama nije ni pogledala prema već odleđenoj bašti. Na kraju ulice zaustavila se pred američkim konzulatom. Popravi maramu, još jedared. Nije se usuđivala da pređe preko puta, da se približi *štenari* američkog narednika. Beli zid visok i prekriven bršljanom. Naspram kapije bila je parkirana duga crna limuzina sa zamagljenim prozorima. Kroz prozor *štenare* mogao se jasno videti kolonijalni šlem čuvara. I dvospratnica, moderna arhitektura, beše prekrivena bršljenom. Imala je prostrane terase i prozore u visini zidova, iznutra zaštićene teškim plavim zavesama. Bila je to nesumnjivo najlepša zgrada naše varoši. U dvorištu, pored zgrade, uzdizao se beli jarbol, tanak, visok čak do trećeg sprata naše zgrade, gde je bio obešen jedan konopac. Neko ga je vukao, proveravao izdržljivost, zato što su se u podnožju jarbola čuli glasovi. Uostalom, dvorište i kuća izgledali su napušteni.

Mama se naglo okrenu i prođe pored mene ne opazivši me. Sad je išla brže. Vratila se u centar grada i ušla u najskuplju prodavnicu odela, ne zaustavljajući se špartala je tamo-amo. Na izlasku pažljivo osmotri naspramni trotoar. Pređe preko ulice, usporivši pred jednom knjižarom. I ona je nekoga pratila! Sakrila se iza obližnje telefonske kabine. Odonud je uhodila, *snimala* ulaz u jedan restoran. I ja se prilepih uz jedan stub. Odjednom mama napusti svoje skrovište i pohita ka dečaku koga smo upoznali u krčmi „Sirena". Čaušesku (ili Karađale u varijanti ragbiste!) je spavao ispružen na trotoaru pred vratima restorana. Mama ščepa sve pare iz tanjira koji se nalazio pred njim i pre odlaska ga *cmoknu* u čelo! Okrenu se i u hodu stade da broji pare. Potom se ustavi pred izlogom s jeftinom trikotažom. Ponajviše se zadrža pred jednim zelenim džemperom navučenim preko poprsja lutke-deteta. Uđe u prodavnicu i u strahovitoj žurbi, bez provere, kupi džemper iz izloga. Izašla je s rukama u džepovima i glavom uvučenom u podignuti okovratnik mantila. Sakri kupljeni džemper u krpenu torbu koja je visila pored mantila. Istim putem se vratila do američkog konzulata. Pred kapijom, blokirajući ulicu, sjatilo se pedeset duša. Pričali su u malim grupama, šapatom; mnogi od njih su u rukama ili na ramenima držali američke zastave, razvijorene. Mama popravi maramu i umeša se u gomilu. Povukoh se na trotoar preko i pripalih jednu. Dva dugokosa mladića su na jednoj improvizovanoj tezgi prodavali cigare, bedževe i minijaturne američke zastave pogodne da se zabodu u tortu. Reklama nije bila preko potrebna jer je prodaja išla. Većina je trošila na cigare i zastavice.

Pripalih treću. Najednom iza ugla izbiše metalizirane dugačke limuzine, nalik na onu parkiranu pred kapijom. Lagano su prikočili, jedan za drugim, rasterujući okupljenu *masu*. Iz limuzina iskočiše šestorica visokih i elegantno obučenih muškaraca. Crni mantil i lakirane cipele. U pratnji behu i dve žene maminih godina, u bundama. Očito, svi dobro raspoloženi. Jedan od njih, sed, krenu napred otvarajući ostalima put do kapije. Ova se odmah otvori, verovatno ju je narednik stavio u pogon, iz štenare. Nekoliko ljudi se jednom Amerikancu iz kolone žestoko obratiše, ali *stranac* im je odgovorio dugim osmehom grabeći prema dvorištu konzulata. Amerovo ponašanje je izazvalo još veće nezadovoljstvo u prvim redovima. Čuo se jedan rezak zvižduk i kratko „Uaa". Grupa uđe bez većih incidenata. Pored mog trotoara zaustavi se jedna „dačia" iz koje izađoše četiri fotografa s aparatima okačenim o vrat. I oni bez problema uđoše u dvorište konzulata. Svet u kome se mama izgubila je postao uznemiren. Izbilo je nekoliko stidljivih protesta, čak i jedna vulgarna psovka upućena onima iz Zgrade. Pred konzulatom se u međuvremenu okupilo preko stotinu duša. I ja se nađoh, sa trotoara, u *čeljusti* čuda i iznenađenja. Uskoro se spusti zavesa tišine na ljude pred kapijom. Fanfara skrivena zidom s bršljanom počela je da intonira američku himnu, istovremeno svima dobro znana zastava lagano se dizala na jarbol u dvorištu. Uz prve akorde, mnogi poskidaše kape. Oni napred su pevali s desnim dlanom na srcu, a dugokosi *biznismeni* mahali su zastavicama sa svojih tezgi. Imitirali su ih i kupci zastavica kao i oni sa već razvijorenim zastavama podsećajući na navijačku hordu lokalne fudbalske ekipe. Kad se zastava podgila do vrha jarbola, fanfara je zamukla i iz dubine dvorišta se prolomio plotun ispraćen aplauzima. I oni sa ulice počeli su frenetično da aplaudiraju, zvižde i skandiraju. Grlili su se bezrazložno. Kristina je stajala sama, po strani, s rukama u džepovima. Beskorisna gužva se napravi pred kapijom. Pokušavali su da je probiju, da provale unutra. *Gorila* je izašao iz štenare i uzalud im je davao znake da se smire. Drao se na svom jeziku. Kao iz zemlje iznikli pojaviše se fotoreporteri, sevnuše blicevi. Gungula. Jedan od njih, žgoljavko, bio se popeo na jedna američka kola. Blicevi su još više raždestili gomilu i mnogo protesta bilo je upućeno reporterima.

Gungula je progutala mamu a ja sam zurio kao blesan, kako je tata voleo da kaže. Fotoreporter sa američkih kola se osvesti kad se nađe u samom središtu gungule i bi prinuđen da prestane s fotografisanjem. Neka žena se pope na kola i grubo ga gurnu. Talas aplauza. Bila je to, naravno, gospođica Puša. Ona uzvrati dubokim naklonom, ne napuštajući zadobijenu poziciju.

– Izdajnici! Ua! Izdajnici naroda i domovine!
Razbesnela se toliko da su ljudi oko nje ostali zapanjeni.
– Sad bežite, a? Nakon što ste ubili Čauseskua, bežite! Uaa! Nije vam godilo da vas drži na *repovima* za mle-

ko? Sad stojite pred vratima jevrejskih imperijalista. Uaa! Bežite kao miševi, impotentni! Zemlji trebaju ruke spremne na odbranu i rad. Šta ćete naći kod njih?! Ja ću vam reći! Pornografiju! Hoćete pornografiju! Imamo i mi toga napretek! Samo malo sačekajte, za nekoliko dana svi će kiosci sa video-kasetama biti zatrpani porno filmom sa Lujzom Hermeneanu, plaćenom teškim parama da... Ko će da briše u Ameriku? Jedna poput nje, kurva nad kurvama! I ko je otac ove bestidnice? Najvredniji radnik koga je Brodogradilište ikad imalo! Evo ovde i majke Lujze Hermeneanu! Nek vam ona kaže koliko je žrtvovala za dobro svoje kćerke! Zašto je to učinila? Zašto, pitam vas? Da je vidi kako je pobegla iz zemlje? Svi ste takvi, degenerisani! Izdajnici i degenerici!

Gospođica Puša se na vreme izmače jednom kamenu koji bi je sigurno unakazio. Odmah nakon hitnute kamenice na nju se ustremio talas psovki i zviždaka. Naša ti je komšika bila spremna da im još nešto *saspe* ali je glas izdade. Dva muškarca su pokušavala da je skinu sa kola, da je svuku sa *trona*, ali mokri lim krova ih je onemogućavao.

– Brzo će se smiriti – okači mi se o ruku narednik Grigore Postolake.

Okrenuo me je k sebi i prinudio ukleštivši mi ruku svojim šapama da bi me odvukao prema centru grada. Brzo mi je objasnio da ne treba da budem iznenađen njegovim prisustvom, imao je dva slobodna dana, zato je više voleo da se uparadi kao civil. Bio je u mantilu koji je ipak ličio na milicijski ogrtač, samo su mu dugmići bili promenjeni a epoleta nije bilo. Na glavi je imao vunenu kapu koja mu je dosezala do korena teglastog nosa. Imao je podočnjake i smrdeo je na špiritus. Sveže izbrijan. Nije obrisao mrlje od krvi sa vrata. Na raskrsnici olabavio je *klešta* ali me zamolio da ga sledim.

– Vrlo sam uzbuđen – zaustavi se pred crvenim svetlom na prelazu. Veruješ li mi? Ne veruješ mi! Više ti se sviđa da veruješ onim glupacima, primitivcima... Evo! Izvadio je iz džepa mantila knjigu bez korica, požutelu i, dok smo prelazili ulicu, počeo je da čita naglas. „Kako govoriti engleski". To je vrlo dobra knjiga, objavljena 1963. Tad su se pravile izvanredne knjige. Ima sto trideset stranica. Vidiš je? Pročitao sam je celi četiri puta, sam, bez pomoći. Da li se sećaš filma koji sam ti prepričao? Da... Razmišljao sam i došao do zaključka da milicajac iz filma nije prototip struke kojoj ja pripadam. I rekoh sebi, uz sav rizik, da idem svojim putem! Ali, za razliku od lika, želja da učim engleski došla je odavde! – Pokazao je prema srcu. Govorio je likujući. Napustismo centar i zađosmo u jednu prljavu četvrt sa radničkim stanovima. U tesnim sokacima smo se sretali sa svakovrsnom *rajom* koja je zdušno pozdravljala milicajca. On im je samo ovlaš uzvraćao obuzet svojim idejama kojima me je *trovao*.

– Pošao sam od ovog iskustva – lupnuvši dlanom o džep gde beše uglavio knjigu – sa jednim dramatičnim kompleksom. Da li se doboro izražavam? Dra-ma-ti-čno! Ako grešim u izražavanju, molim te, ispravi me! Imam *pretenzije* da govorim tebi kao predstavniku talasa najmlađe generacije intelektualaca. Dakle! Kompleks je vezan za činjenicu da engleski nisam naučio na vreme. Imao sam osećaj beskorisnosti, ali kao što ti rekoh, nešto je iz mene izlazilo i gonilo me da *gutam* stranicu za stranicom. Neću ti izustiti ni jednu jedinu reč na engleskom, to je jedno moje sujeverje! Prvu reč na engleskom *tamo* ću izustiti! Sad, kad se iskustvo nagomilalo, i, kad se prisetim filma, pitam se ko će od naših prijatelja biti pametnjaković koji će umreti u saobraćajnoj nesreći. A! Ali evo jednog umnog gospodina.

– Dobar dan, gospodine Remus – srdačno pozdravi cajkan starkelju koji nam se još nije ni primakao.

Kako je hitao izgledalo je da nas je gospodin Remus već dugo tražio. Zaustavio se teško dišući. Brada mu je podrhtavala od naprezanja a oči su mu *igrale u orbiti*. Ipak, uspeo je da me fiksira.

– Možeš li da nas ostaviš same? Molim te!...

– Kojim povodom, gospon? – grubo upita narednik.

– Uskoro ćeš saznati.

– Pusti nas... – zamoli me umilnim glasom.

Htedoh da krenem ali me cajko ponovo sčepa za ruku.

– Ovaj momak je moj najbolji pajtaš! Ako hoćeš nešto da kažeš, kaži odmah, žurim.

Starac je oklevao. Zadržao je pogled na vrhovima cipela. Nije očekivao takav odgovor.

– Došao sam zbog stvari za koju ste me molili...

— Nismo te nizašta molili. Naš uslov je kazan, hoćeš li da ti ga ponovim?
— Ne, ne i ne!
— Ali da, hoću da ti ponovim, da sazna i moj prijatelj. Daješ nam dosije a mi ti dajemo kasetu. U stvari, krajnji rok je prošao. Nisi se pridržavao dogovora. Šta sada da ti radim? Imao si vremena napretek da razmisliš, da doneseš odluku. Doneo si možda dosije?
— Ne, ne i ne! Shvatite, nije kod mene! Malo sam rasejan. Rekao sam vam već — to su neki papiri, sećanja, ali nisu kod mene.
— To znamo! Ali ti treba da ubediš sestru mog prijatelja da ti ih da, mi smo te uslužili po dogovoru, i vratili smo kasete sa porno-filmovima koje je sestra mog prijatelja snimila. Ha, ha, u jednoj od soba tvog hotela.
— Ali to nije moj hotel!
— Umukni! Mani se tekstova da te ne uhapsim! Tvoja stvar? Ako nam ne daš dosije snosićeš posledice. Da si makar i ti ušao u film! Kakve dobre kurve si propustio! Ili te više ne služi kita — zacenu se ali se brzo smrkao. — Mi imamo još malčice strpljenja, donesi nam dosije i imaš kasetu.

I organ povuče gospodina Remusa za uvo sklanjajući ga s našeg puta. Produžismo alejom: ja ošamućen, Grigore Postolake sa rukama na leđima, ljut kao ris. Šef recepcije je ostao po strani.

— Sve vas mrzim. Mrzim vas, Židovi, Mađari, Cigani! Mrzim vas boljševici, sekuristi, njuškala! Mrzim vas, braćo! Živeli Rumuni! Živeli vek vekova! — urlao je starkelja za nama ali se mi nismo osvrtali.

Posle nekoliko koraka cajkan je došao sebi. Ovoga puta govorio je s radošću.

— Ipak, nisi me pitao zašto sam odabrao baš engleski. Da bi otpoštovao film. Ne, nije tako. Film je nešto drugo i verujem da si ga razumeo. Bio je to srećan događaj uprkos činjenici da smo u tom času zlopatili. Valjda nisi zaboravio! Ludaci su mi uništili barikadu. Bila je to moja kobna greška. Trebalo je da preduzmem preventivne mere. Ali ko je mogao i zamisliti da će ukrasti tenk! Naposletku ću se osvetiti za sva naneta mi poniženja. Ukrali su i žutu dizalicu. Još je nisu bili ni izneli na ulicu. Pojeo je

mrak. Nešto spremaju. *Zadaće udarac.* Neće se više igrati ovako kao dosad.
Apsurdna igra. Da se šetaš...
– I da poželiš nešto? – usudio sam se da dodam.
– Tačno. I apsurdno. Svi maštaju o Americi, proverio sam. Ha! I šta je bilo sa njihovim maštarijama? Ali, promenili smo temu... Kad su te bacili sa tenka časopise si izgubio na plaži. Našao sam ih, skupio i mislio da ti ih dam, ali listajući ih, našao sam oglas za takmičenje u slikanju. Takmičenje će se obaviti u Americi... Evo, ovde ja živim! U stvari, ne živim, iznajmio sam garsonjeru kao neku vrstu slikarskog ateljea. Ovde sam izučio ovu knjigu i crtao! Izvadi ključ iz džepa i brižljivo ga obrisa od nepostojeće prašine. Ajde da ti pokažem *istinu!*

Beše to zgrada s jednim ulazom, sa prozorima zakamufliranim vešom koji se suši, sa fasadom koja je izgubila boju, nalik na većinu zgrada u našoj varoši. Bila je četvorospratnica. Milicajac uđe u ulaz i hitro mi otvori vrata prvog stana u prizemlju. Gurnu me unutra i upali svetlo u hodniku. Sijalica beše jaka. Mirisalo je na sirće. Ne dadade mi da se izujem jer je pod bio bez tepiha: ne treba da se svlačim jer nema čiviluka. Upali svetlo i u sobi. I ovde je bila jaka sijalica. Na sredini se nalazio tabure zamazan svim vrstama boja, postavljen pred jednim slikarskim stalkom, improvizovanim. Oko njih, razbacane po podu, tube od tempera i gvaša, četkice i olovke različitih veličina, umašćeni blokovi za crtanje.

– Vidi! – pokazivao mi je zidove pokrivene raznobojnim crtežima malog formata, kako su nam tražili još u osnovnoj školi.

– Ovo su moje vodene boje – šepurio se cajkan. – Sve! Najlošije. Najbolje sam poslao na takmičenje. Iz tvojih časopisa sam pročitao oglas i pravila igre! Tad mi je sinulo. Takmičenje se odnosilo na hendikepiranu decu između pet i deset godina. To je međunarodni konkurs. Prva tri pobednička mesta – ekskurzija u Ameriku! To je prava stvar! Obilazak Amerike autobusom. Kako sam mogao da propustim takvu priliku?! Kupio sam sebi sve ovo što vidiš i evo šta sam napravio. Slikao sam i naučio engleski. Pre nedelju dana sam poslao ta tri rada. Imam potvrdu, ako mi ne veruješ! Pokazao mi je zgužvanu priznanicu koju je *iščeprkao* iz džepa mantila. Koštalo me je

đavo i po, ali vredelo je. Sad čekam njihov odgovor. Biću među pobednicima. Apsolutno sam ubeđen u uspeh zato što sam radio sa emocijom, sa strašću... Ceo moj život se *slio* u ove vodene boje! Dva meseca u Americi! Ah! – napravi piruetu, umalo obori stalak.
– Ali ti ne ispunjavaš uslove vezane za uzrast – zacenuo sam se. – A nisi ni hendikepiran.
– Misliš da sam glup?! – zaustavi se gotovo likujući. – Otići ću u Ameriku kao otac. Onaj koji ispunjava uslove takmičenja ne zna da se nalazi, tako da sam ga usvojio. On je javni i zvanični autor crteža, a ja sam otac koji ga je usvojio. Amerikanci će biti zadivljeni kad ga budu videli – tako hendikepiranog.
– Usvojili ste... ono dete... Neki ga zovu Čaušesku, drugi...
– Koji Čaušesku, gospodine?! Moj se *usvojenko* zove Lukijan! Razumeš? Lukijan! Ja sam ga lično krstio u crkvi. Ali, molim te da mi uvažavaš slike – gotovo mi se unese u lice, umiren činjenicom da sam ukapirao.

Na svakom zidu, izuzev onog sa prozorom kamufliranim ćebetom, bili su okačeni, u dva reda, akvareli malog formata – dela narednika Postolakea. Pokazao mi je mesto odakle treba da krenem u razgledanju izložbe, baš od vrata. Slike su bile glupe. Jedan crtež preplavljen ljubičastom bojom je predstavljao more s talasima *uflekanim i* belim i, na pučini, žute svećice, po svemu sudeći – brodovi. Crtež je bio levi. Milicajac me je pratio u korak, vrlo ozbiljan. I ja sam se maksimalno trudio da ostavim utisak ozbiljnosti. Ispod prvog crteža ili, ako baš hoćete – kao i narednik, akvarela nalazila plaža s dvospratnicom. Osmehnuo sam se. Biće da je to hotel gospodina Remusa?! Tačno, radovao se milicajac. Nije bila baš verna kopija ali... Ono što je plavac uradio na kartonima nije se mnogo poklapalo s realnošću. Prepoznao sam da je izvor inspiracije *umetnika* ipak bila neposredna stvarnost. Malo dalje – tramvaj iskočio iz šina u pustoj ulici. Crtež po sećanju, obavestio me je G. Postolake. Bila je to rečita obnova ludila. Drugi akvarel, druga zgrada na jednoj plaži. Osmospratnica. Ovde vi živite, pokazao mi je noktom malog prsta. Na sledećim crtežima pojaviše se i likovi. Bez pomoći umetnika, „intuitivno", prepoznah gospođicu Pušu u ljubičastoj kućici, gospon Remusa i Lujzu na terasi hotela, Lujzu kako se kupa u pesku, Bobija koji je tukao oniskog arhitektu, ćaleta kako tegli paradajz sa farme. Tematika se bogatila što sam više odmicao u razgledanju izložbe. Mrtve prirode: flaša šampanjca pliva na talasima, svežanj novina, četiri gas-maske. Kad bih zastao nešto više pred kojim crtežom narednik bi mi priskočio u pomoć objašnjavajući dok bih ja klimao zabavno glavom. Avion pliva u moru. Kakva budalaština! Ispod, na jednom belom listu *kreten* je crvenom bojom napisao neke reči, kao da ih je prepisao iz nekog pisma. U žurbi pročitah, već dovoljno zasićen njegovim objašnjenjima: „Kad sam vozio jedan tenk imao sam ovu želju: na mom krstu da stoji napisano MUŽ OVE ŽENE SE NALAZI U AMERICI."

Jaki udarci na vratima garsonjere. Narednik Grigore Postolake stade „mirno", uplašeno me gledajući.

– Niko ne zna za moj atelje!

Gospođica Puša utrča u sred sobe, i, ne gledajući nas, sruči se na kolena i stade zapomagati glasom davljenika, vidno se naprežući.

– Na oružje, vitezi moji! Došli su da nam otmu zgradu!

Reči komšike behu ubedljive. Napustih garsonjeru žaleći za izgubljenim vremenom, sa milicajcem mučenim ambicijom da pobedi na slikarskom konkursu u Americi. Crne misli su me skoro spoticale dok sam grabio ka kući. Milicajac me je pratio kao veran pas. Pred našim ulazom stajaše nekoliko teških kamiona, jedna automatska dizalica i druge mašinerije, sve ofarbane u prljavo-žuto. *Plavci* se vrzmahu između ovih metalnih čudovišta. Kašika dizalice dosezala je do osmog sprata. Na kraju kašike bile je nekakva vrsta kaveza u kome su se nalazila dva radnika. Ispitivali su sa svake strane fasadu zgrade. Među radnicima koji su bili dole prepoznali smo bukureštanskog arhitektu s belom kacigom na glavi, obučenog u braon kožuh dug do članaka. Izuzev mene i narednika Postolakea u blizini nije bilo drugih „zijalica". Preostala dva radnika iz kaveza kašikare bili su naoružani bušilicama. G-đica Puša, naravno, pojavila se ali nam nije pridavala pažnju. Više je volela da ostane sakrivena iza ugla zgrade, prateći mračnim pogledom *operacije*. Dotrčala je bila da nas obavesti ne stigav da se ogrne mantilom pa je sva drhtala. Moguće je da je bez mantila ostala u *okršaju* ispred američkog konzulata. Radnici stadoše bušilicama da *obrađuju* fasadu osmog sprata, uz spretne pokrete goredole, levo-desno dizalicom. Verovatno je između onih što su bušili beton i onog koji je upravljao kašikom bila uspostavljena neka radio-veza. U međuvremenu, velikom brzinom je dojurila i druga dizalica, moćna i žuta podigla je pod koji su ona dvojica *izrezala,* precizno ga utovarivši u kamion.

– Ovaj stan nije useljen – uočio je narednik G. Postolake iako nije stanovao u našoj zgradi.

Radnici iz kaveza su radili muški. Za samo sat su srezali fasadu osmog sprata. Zidove koje su bili *izvukli* pažljivo, istom metodom, spustili su u kamione. Ostavili su samo bočne zidove da se krov ne bi sručio. Kamioni krcati zidova naše zgrade su odlazili i vraćali se nakon pola sata, *štopovao* je vreme milicioner. Nije bilo načina da saznamo gde su naši zidovi bili istovareni iako se narednik usudio da pita arhitektu. „Saznaćete kad za to dođe vreme!", odbrusio je bradati patuljak ne prekidajući svoj posao. U stvari, bradati patuljak bio je besposlen, muvao se, s rukama u džepovima kožuha, među radnicima i kamionima. Na sedmom spratu popeše se u kavez dizalice preostala dvojica majstora koji su isto radili. Našli su, ipak, dvosoban stan, na uglu, gde je stanovala porodica penzionera. Starce su ostavili na miru, isekavši preostale zidove istom već dokazanom metodom. Za treći par *šljakatora* šesti sprat bio je više nego lak – niko više tamo nije živeo. Kad su se spremali da upadnu na peti sprat gospođica Puša naglo iskrsne kriknuvši:

– Ja, bre, živim ovde, svinje jedne! – Pope se u stan, upali svetlo, ne bi li *svinje* videle da ima nekoga u stanu.

U našem je stanu tata pratio televizijski prenos festivala iz San Rema, mama je u kuhinji spremala grašak i krompire. Nije se uplašila kad su se radnici, vezani sigurnosnim pojasevima za kavez dizalice pojavili u okviru prozora. Misleći da su najzad došli zidari mama ih je ljubazno upitala žele li da nešto *založe*. Upravo je jelo na vatri! Zaustavio sam je da ne ostanemo bez graška. Zanimljivo, njihovi aparati nisu pravili buku niti dizali prašinu. Tata je u tišini saslušao festivalske šlagere. Do ponoći zidovi naše zgrade bili su izrezani i transportovani. Tek oko tri izjutra, žute mašine i alat utonuše u tišinu pred očima milicionera, crvenim od nesanice.

Drugog dana, ujutru, naša je zgrada ličila na kulu od karata, kako je to okarakterisala g-đica Puša. Sa morske obale mogao sam videti unutrašnje stepenice, kavez lifta nije već godinama radio, svetlarnik – jedna crna tuba sa rupama na svakom spratu. Ostalo je samo osam stanova nenačetih. Operacija, kako smo svi primetili nije zahvatila električnu mrežu ili cev za hladnu vodu.

– Malo je oslabljena otpornost konstrukcije, stručno nas je uputio arhitekta, zatekavši se i tog jutra pred našom zgradom. Treba da se ponosite najčistijom zgradom u varoši. Vetar će je očistiti od prašine, kiše će je oprati... ne treba vam čistačica. Što se tiče pacova, budite bez brige, *zabiberili* smo im svuda vrlo efikasnim otrovom. Stvarno, zar ne osećate miris?!

Nisam osećao, ali od toga dana nisam više sretao pacove, niti njihov trag. Kuhinjske bube ipak su bile izdržljivije. Prve nedelje posle ove operacije, pre no što se podigao od stola, otac se setio:

– Na televiziji sam video jedan škotski ili irski dvorac, tako nešto nikad nisam video. Rekli su samo da je kupio jedan američki milijarder. Bio je demontiran, prebačen preko okeana i montiran na njegovom imanju i to sve za manje od dvadeset četri sati! Kao, ostalo im je da prenesu još osam odaja dvorca. Tako je reporter rekao. Nije više Amer imao para za poslednjih osam. Šta mislite, da im mi damo bolju ponudu?

– Sutra ću pristaviti pasulj, skokni sad do pijace. Možda ćeš još naći neke odocnele seljake koji pasulj daju jeftinije – odgovorila mu je mama.

## 10

– Dok se vi vratite, skuvaće se pasulj. Ne daj Lujzi da ide. Hoću da ručamo svi zajedno, kao prava porodica. Sada će i Lujza biti zadovoljna. Tvoj ćale će joj obezbediti pare za put. Vidiš, deca uvek nešto očekuju od roditelja. I mi smo se stalno žrtvovali. Tvom ćaletu je ipak stalo do Lujze, u suprotnom ne bi ni pomišljao da joj da za put –

razneži se mama, stavljajući šerpu sa seckanim lukom na šporet.

Vetar od mora se smirio. Zavesice na prozorima bile su nepomične. Tata se oblačio u dnevnoj sobi, dok je Lujza čekala u svojoj. Mama beše srećna. Pokušavao sam da se sakrijem u svojoj sobi, iako je tata rekao da mogu da idem i ja. Lujzu nije ni zanimalo kuda idemo. Važno je samo da tata održi obećanje.

Do centra varoši išli smo pešice. Na raskršću narednik Postolake reguliše saobraćaj. Pređosmo na zeleno uz pozdrav organa. Uzvratismo istom merom. Kad pređosmo raskrsnicu opazih da tata uze Lujzu podruku. Uskoro, prečicom kroz nekoliko sokaka, stigosmo u „Sirenu", zaustavivši se najpre kod neugledne duvandžinice što podseća na kiosk gospođice Puše.

– Sećaš li se, Lujza, ove uličice? – najednom pokuša tata da bude veseo.

– Ne – sleže ramenima Lujza ravnodušno.

– U pravu si, priznade tata i uđe u duvandžinicu.

Lujza ga je sledila. Ja sam ostao na pločniku, upalih cigaru te počeh da prelistavam časopise. Ulica je bila pusta. Pločnik ispred „Sirene" već je bio počišćen i poprskan. Vrata krčme behu otvorena mada iznutra nije dopirala galama. Jedna starica s fesom na glavi, umotana u crveni bolnički ogrtač, izađe iz dvorišta preko puta, pošto me pozdravi, manu metlom ispred kapije dva-tri puta, umorno. Zatraži mi i ona cigaru. Drhtavim glasom. Ja se maših za paklicu, ali se ona predomisli, setivši se da i sama ima cigareta u tašnici. Još bolje! Tata izađe iz duvandžinice s braon torbom u naručju. Starica sa taburea ga pozdravi, kokodaknuv kratko kao kokoška, ali tata okrenu glavu. Uvuče gromko vazduh u pluća, oslobođen emocija:

– Uzmi ovo i nosi kući – reče nudeći mi torbu. – Ubaci dole u šifonjer – pa joj još kaza da pripremi sto za pet osoba. – Čuješ? Biće nas danas petoro na ručku. Idemo – predložio je zatim Lujzi i sestra ga je poslušala.

Pređoše preko ulice i zaglaviše u bifeu. Starica me je pratila od taburea do kraja ulice. Torba koju mi je poverio tata, torba od svinjske kože, sa jedinom kopčom koju je već rđa dotakla, znači deformisana, ne beše teška; možda je prtljag u njoj mogao biti uređen sa više pažnje. Nije mi se žurilo kući, sviđala mi se mrka torba, čak i ta-

kva – deformisana. Sviđalo mi se tako da špartam stežući čvrsto dršku torbe, ne mlatarajući njom niti je pak šutirajući. Sa časopisima pod miškom izgledam kao kakav gospodin! Mogli bi mi se diviti u vitrini neke prodavnice. Samo su mi još nedostajali štofani kaput i lakovane cipele. Zašto ne potražim neku luks-radnju da ispunim svoju želju? Jedan šešir, jedan mantil i par lakovanih cipela! Zašto? Stezao sam gotovo očajnički dršku torbe. Bacili su mi već onaj kaput još iz liceja i kapu, imitaciju krzna i cipele nošene iz dana u dan, četiri godine. Bacili su mi i prvi *đubretarac*. Ući ću da kupim sebi paket finih cigareta i kineski upaljač. Ući ću u prvu knjižaru da pokupujem sve knjige za kojima čeznem već više od mesec dana i sve časopise pa da ih čitam u svojoj sobi. Zašto baš u svojoj sobi? Još je hladno i miriše na „Petrosin". Ne! najbolje je da se sakrijem u hotelu gospodina Remusa. Tamo... čak i tamo me mogu otkriti. Ah! Zašto nemam kuraži da učinim nešto s ovim parama? Da bežim? Na stanicu! Prvim vozom. Daleko od njih, od njihovih žrtava. Svršeno! Sit sam svega! I Marius je učinio isto. Ali je pobegao bez para. I uspeo. Ja, zašto ja ne uspevam? Da stignem do nacionalnog šampiona u tenisu, da osvojim prvi turnir u Pragu ili u Beču...
– Zdravo!
– Ti si, Kristina?
– Da, ja sam! – Kristina se prekrsti u čudu, kikoćući se. – Kud juriš s tom torbom?

Na njoj narandžasti žaket izlizan od mnogih nošenja, s kapuljačom pozadi. Put me odveo pločnikom jedne nepoznate ulice. Zalutao sam u kvartu gde su moji roditelji mladost proveli. S rukama u džepovima jakne, smešeći se kao nesoj, kao što se obično postupi kad se učini nešto ružno. Ne čekajući da joj odgovorim upita me šta radim. Dobro! I ja sam dobro, imitirah je. Dok sam izlazio u šetnju nostalgija me uze pod svoje: drage su mi ove ulice. Pristao sam: ona mrtva ozbiljna, ja malko zbunjen. Ako bih preduzeo koji korak, pouzdano bih bio odstranjen, ali nisam se usudio da to učinim. Priupitah je koji je film videla na videu. Sleže ramenima, kao – nema značaja. Uskoro dolazi leto, preterivao sam u pogledu vedrine poslepodnevnog neba. Ako dolazi leto, zašto ideš umotan u ovaj mantil?, ispitivala me je ona strogim tonom. Vruće

mi je, šalio sam se glupo. Hm! I klimnuh glavom. Kristina je bila zelenooka. Nosila je suknju iste boje.
— Vi ste ukrali dizalicu?
— Da, mi smo je ukrali — reče kreveljeći jako nakarminisane usne. — I — šta te se to tiče? Rđavo je to što ne možeš da budeš s nama?
— Gubite vreme na sitnice — odbrusih joj besno. — Vaša igra je čista glupost...
— Ostavi ti nas i naše gluposti — gotovo vrisnu Kristina. — Zabodi nos u te tvoje časopise i čuvaj svoju kilavost za druge! Čistije je i poštenije. Šta te boli briga što se mi glupaci igramo? Ti si glupak! Pogledaj se bolje u ogledalo... Od pošte se vidi da si jedan pajac odvojen od sveta! I torba! Kud si je uprtio? Zar ne vidiš gde si se obreo?

Usudih se da odstupim jedan korak, bajagi odlazim, i Kristina se povuče, verujući da mi je jedina namera bila da je povredim. Krenuo sam sa torbom pod miškom i čvrsto stegnutim časopisima u šaci. Kristina ne odustaje.
— Zašto cmizdriš? Hii. Zašto cmizdriš?
— Bolestan sam.
— To je najlošiji izgovor! Sve se pravdamo bolešću i povlačimo se u nju kao u jazbinu. O odavde, kroz bilo koju pronađenu rupu *gvirimo* prema drugima i sudimo im. Tako se osećamo bolje. U stvarima i ljudima vidimo samo naš egoizam.
— Hoćeš li maramicu?
— Ne! Nije mi potrebna. Živim kako mogu! Šta želiš da učinim? Možda ću jednog dana prezdraviti...
— Zar ne razumeš da ovde nemaš nikakve šanse? Oni su te razboleli. Osuđen si da gužvaš te tvoje časopise, da se ponižavaš na svakom koraku, da progutaš ono što ti se u tanjir metne, da tražiš toplo mesto gde bi mogao ljudski da dišeš... To je tvoj život ovde. Jednog dana, zažalićeš....
— I šta očekuješ, šta treba da učinim? Daj mi recept, sveznalice!
— Ja nisam bio te sreće da se rodim s punim džepovima, da sebi sve priuštim, da se bavim lepim tričarijama. Džabe kad sam rođen kao siromah u poštenoj porodici. Od početka mi je bilo pisano ko sam i koje je moje mesto. Zato što sam bolestan i izdržavano lice.
— Lagali su te! Da bi bio sa njima.

– I meni bi odgovaralo da sedim u kući i da jednom godišnje padnem na upisu u Konzervatorijum. Ako si umetnica, kako to da nisi u stanju da položiš jedan tako bedan ispit?
– Besmisleno je da ga položim. Nisam talentovana. Jasno? Ali nastaviću da izlazim na ispit i možda nikad neću uspeti. Završiću Konzervatorijum i postaću pijanistkinja. Ili umetnica, kako ti je drago! Jasno! Ali nikada neću uspeti da dokučim šta se dešava s mojim životom ovde. Jesi li ukapirao? Ako znaš drugo mesto gde bi u tome uspeo, idi tamo.
– Posle Mariusa.
– Da – razvedri se; znači, jedva čeka da izgovorim ime mog brata.
– Imam para!
– Oh – majmuniše Kristina. – Ti si se dao na biznis. I šta ćeš da radiš s tolikim novcem?
– Molim te, ostavi me na miru!
– Neću! Kaži mi šta ćeš učiniti s parama? Vrlo sam znatiželjna da saznam šta će uraditi jedan tip poput tebe sa gomilom novca iz ove torbe.
– Odneću ih kući. Lujza se udaje.
Kristina zastade. Nije izgledala previše iznenađena. Podiže bradu:
– Imaš pare i ne raduješ se životu – prošapta jedva čujno. – Plašiš se da bežiš s tom gomilom... nije li tako?
– Dodirnu mi ruku koja je poput klešta stezala dršku torbe. Tu sam, pored tebe, tebi kažem. Pogledaj me!
Bila je mrtva ozbiljna i način na koji je govorila me je užasnuo.
– Ja sam Kristina. Osećaš li moj vlažni dlan, osećaš li ga? Moj dah, osećaš li ga? Kraj tebe sam. Ne treba da me sanjaš i praviš od blata. Ne plaši se! Bićeš srećan. Bićeš najsrećniji muškarac pod nebeskom kapom... Poljubi me.
– Ovde, na ulici?!
– Možeš me i ovde poljubiti. Jak si muškarac. Hoćeš li da bežimo? Hoćeš li? Stegnu mi ruku.
Nasmeših se prostodušno i klimnuh glavom. Devojka me zagrli. Njena kosa me je raspamećivala, ali ja nisam ispuštao torbu. Moji zgužvani časopisi samo skliznuše pred naše noge. Kristina je nosila cipele s visokom štiklom.

– Kristina! Imaš toplo uvo! Dopuštaš mi da ga poljubim?
– Bolje da kidamo! – Podiže čelo sa mojih grudi. Gotovo klimnuh poslušno glavom. Potrčasmo nepoznatim uličicama, držeći se za ruke. Kako lako bi! Biću srećan! Reći ću mami, gosn Remusu, Lujzi da sam rođen pod srećnom zvezdom. Ali šta moja sreća njima znači? Lepo Kristina kaže, njih to ne interesuje, samoživi su i zatočenici nemoći. U trku sam počeo da kapiram sve. Kristina me voli. Biću najsrećniji muškarac na kugli zemaljskoj. A Kristina će biti... Ja treba da je usrećim! Treba da pobegnemo od njih! Da, nekud daleko da odmaglimo, da ljudski dišemo.
– Zašto trčimo ko ludi?! – zaustavi me Kristina. – Bolje da uzmemo taksi. I – ne čekajući moju saglasnost – dade znak taksiju što je nailazio.

Kola stadoše kraj nas i Kristina me grubo ugura u vozilo. Šofer, muškarac čiji je ugojeni potiljak virio ispod okovratnika đubretarca, primi naredbu moje voljene: Razgledanje grada.

– Zašto tura kroz grad?
– Zato što si pun para – Kristina se pribi uz moju mišicu.

U retrovizoru otkrih oči šofera, male, crne; kao da sam ih negde već video. Šofer nije davao gas. Puštao je da ga sva kola preteknu. Stigosmo na raskrsnicu; tu se zaustavismo pred semaforom. Upita nas: kuda da vozi? Kud hoćeš, uzvrati Kristina.

– Pogledaj kroz prozor – podstrekivala me je voljena moja zelenooka. – Svet je drugačiji kad ga odavde gledaš. Pogledaj ljude okolo! Kako su zaglupljeni! Bogat si i srećan! Reci mi da li si srećan sa mnom? – Zagleda se u mene ozbiljno.

– Da – odgovorio sam ali malčice zbunjen šoferovim prisustvom.

– A ti sa mnom?... Nakon ove vožnje hoću da odemo u najluksuzniji restoran. Ti si već... ali ja... Hoću da ovo zalijemo šampanjcem, pa da uzmemo meso sa roštilja debelo dva prsta, već sam zaboravio kad sam poslednji put okusio... Posle toga hoću da razgovaramo. Imam mnogo toga da ti kažem. Obećavam, neću te gnjaviti.

– U redu, saslušaću te. Ali najpre da se provozamo. Pogledaj onamo – munu me. – To je bio tvoj svet. Moraš ga što pre zaboraviti.

Već smo dvaput obigrali varoš. Vratismo se na raskrsnicu gde nas opet zaustavi semafor. Kristina naredi šoferu:

– Na stanicu!

– Šta ćemo tamo? – poskočih. – Zar ne idemo u restoran?

Šofer posluša naredbu, zaokrenu, provukavši se između dva kamiona. Kristina me prisno prigrli:

– Za pola sata polazi voz za Bukurešt. Imaš pare, ne obaziri se! Ako ogladniš, ne trpi kao kod kuće, idi u vagon-restoran i najedi se svojski. Pitaj već na stanici kako se stiže do ulice Uvertira, to je njegova adresa. Upamti – Uvertira br. 3!

– Kristina, zašto mi sve to govoriš?

– Kako je mali naš grad! Vidi kako smo brzo stigli na železničku stanicu. Vodi računa o sebi – reče otvarajući mi vrata vagona. – Odlazi!

– Kristina, ljubljena! Zašto me teraš? Kud da idem? Šta je s tobom, ljubljena moja?

– Ljubljena moja – otužno me je oponašala. Odlazi kad ti kažem! Dovoljno je to što si video. Odlazi i ne zaboravi adresu!

– Ne idem bez tebe!

– Polazi već jednom! – Munu me nogom i briznu u plač.

Izađoh iz kola s torbom u naručju u uputih se ka klupi iza. Nisam znao šta da činim. Kristina potrže maramicu, da istrese nos.

– Možeš da kažeš da postojiš.

Šofer naglo zaokrenu (gotovo da udarih nosom o vrata), reklo bi se jedva čekajući Kristininu novu komandu. Tada sam ga prepoznao. Bio je to onaj ragbista koji me je bacio sa tenka. Vozilo naglo krenu ostavljajući me samog na trotoaru. Stadoh kao sumanut da jurim za kolima, ali bez ikakve šanse. Brzo je iščezao, već iza prvog ugla. Drhtao sam od jeda. Kristina se vraća svojoj grupi rokera, švercera i mini-suknjica. Tamo će se usrećiti. Dok sam ja pogubio časopise i kasnio bezrazložno kući. Da idem na železničku, da se popnem na voz za Bukurešt? I?

A ako u Uvertiri br. 3 otkrijem Mariusa?! Isključeno – Marius je u Americi. A moje mesto je kod kuće.

Stanicu, kao što znamo, nadvisuje bela trospratnica s pustim parkiralištem ispred. Izgradili su novu stanicu!, promrmljah uzbuđen ovim otkrićem. Čudno, gospođica Puša nije mi ništa rekla o novom zdanju! Verovatno se usredsredila na Američki konzulat. Nisam se usudio da prođem kroz nedavno uređen park, da prođem preko parkirališta i da se sa rastojanja divim stanici. Nije se činilo da je napuštena jer se, po običaju, sjatio narod u vreme odlaska voza za Bukurešt. Trebalo je da se vratim sa novcem, čekali su me već kod kuće. Ulica kojom sam došao taksijem produžavala je od železničke stanice ulicom koja je prerastala u bulevar. I ovu su modernizovali, četiri trake u oba pravca. Ulica je bila pusta. Znao sam da je vodila van grada. Krenuo sam znatiželjan njenim obodom ostavljajući brzo ružne udžerice u blizini železničke stanice. Ulica sa četiri trake završavala se u neobrađenim oranicama. Sunce iza mojih leđa spremalo se na počinak. Stegao sam torbu pod miškom i pustio korak. Nekoliko koračaja napred, na nekih stotinak metara, pružao se jedan blok. Počeli su da podižu novi kvart. Kako sam odmicao vazduh je bivao sve vlažniji. Puna žuta linija puste ulice bila je besprekorno izvučena. Prepoznaje se novogradnja, kao i stanica. Najednom, vihor zahvati ulicu po širini, obrisavši, reklo bi se, na moje oči sve obeleženo. To me natera u smeh. Prešiša me jedno vozilo velikom brzinom. Drugo prođe u suprotnom smeru od mog. Beše to limuzina dugačka i metalizirana poput kola ispred Američkog konzulata. Imao sam vremena toliko da bacim oko na nju. Jurila je prema varoši. Može da primi strane turiste diljem naše obale. Nemoguće! Gosn Remus znao je da pozove mamu da održava red i čisti u hotelu. Druga dva automobila prođoše, jedan za drugim, strelovito. Naticali su se kao na reliju. Jedan od njih imao je pojačanu sirenu. Imao je pravo, išao sam sredinom ulice. Povukoh se na pločnik. Odatle je počinjala ornica. Stambeni blok kome sam se približio nije bio previsok. Prepoznavao sam mu prozore iako se smrkavalo. Ulica je bivala prometnija. Brojni automobili u ludoj trci, u oba pravca. Farovi su me zaslepljivali a ja sam se bojao da se ne nađem ponovo na ulici. Na trenutak pomislio sam da se vratim. Stigoh u blizinu zgrade čiji su jako osvetljeni prozori formirali naročitu auru. Upališe se i prvi fenjeri, jaki reflektori montirani na vrhovima betonskih stubova, ravnomerno raspoređenih dužinom autoputa. Blok je imao sedam spratova, s velikim prozorima. Nije postojao sprat sa makar jednim fosforescentno osvetljenim oknom.

Idiotska radost me spopade. Sa novcem iz torbe preselićemo se iz ovog grozomornog kvarta. Počev od ovog bloka, s jedne i s druge strane autoputa rađalo se na desetine živo obojenih blokova. *Selimo* se odavde! Kakvo rasipanje svetlosti! Zaustavih se kod prvog bloka. Jaki reflektori nemilosrdno su osvetljavali zeleni travnjak (nikad nisam video zelenu – tako zelenu) presečen oštrim belilom aleja koje su se ukrštale pod različitim uglovima. Stepenište bloka sa staklenim zidovima bilo je osvetljeno od podnožja do vrha. Mama mia! Imamo i lift! Bela kutija se lagano spuštala zidom bloka. Čudan parfem ispuni vazduh u mojoj okolini. Osvrnuh se uplašen, kao da sam negde već osetio taj miris! Prođoše dve plavuše, obe s konjskim repovima i belim majicama, vrućim pantalonicama. Bejahu to prve osobe koje sretoh u ovoj četvrti. Da potrčim za njima, da ih zaustavim, da ih priupitam kako se zove ovaj blok u izgradnji; lokalne novine nisu još najavile njegovo otvaranje, otkad vi ovde živite, bićemo komšije! Ali devojke su grabile svojim putem. Za njima je ostao parfem koji me je izluđivao i koji sam osetio već toliko puta u Lujzinoj sobi.

Pokušavam da te se setim... Najpre, vlažan vazduh i strah da ne mogu disati, ali se zapanjih kad osetih da mogu, srce mi bije – postojim. Učini korak-dva po neverovatnom asfaltu pitajući se: ako je zaista to istina, a nemaš vremena za odgovore, slike se brzo vraćaju, ne dopuštajući ti da misliš na to kako si se svikao vremenom, čudi te, da, čudi te kako trotoar podnosi cipele, cipele tvoje izgleda bušne i nadaš se da svet koji prolazi kraj tebe ne iščuđava se tvojoj odeći drugačijoj, pohabanijoj od njihove. Živiš jedan sentiment prirodnog srama. Zato žuriš u svakom pravcu, gubiš se u opštem metežu koji je nesumnjivo u stanju da te nervno iscrpe. Ozbiljan si a nervozan, izgladneo a sit svega, buka i tišina te prate obavezujući te na poslušnost, da pojmiš makar nešto od ovog momenta; život je to tvoj – probudi se! Kaskada svetlosti se sručuje na bulevar gde se ti mučiš teško hodajući. Dovučeš se do jednog izloga i ne vidiš veliku stvar – tamo su stvari koje dosad nisi video. Obezglavljen si od viđenog, ošamućen od izmaglice viđenja, uđi da imaš sutra o čemu da pričaš, da ne ispadne da si bio slep i glup, neosetljiv i hladan, uđi da snimiš i upamtiš visoke rafove prepune raznorodnih kutija, staklarije, kesa, svih boja, bez mirisa; na desetine vrsta sireva, salama... da te viđeno zasiti, ne zanima te cena kiselog mleka ili krompira; drži sve u glavi, kad se vratiš kući da možeš reći pošto je kilo hleba, ako budeš pitan... To je nepravda, vrištiš ali te niko ne čuje, tvoja duša je zgrčena kao i krik i smeh tvoj, kao da se raduješ što si napokon video ono što si dosad samo u priči čuo. Iz koliko redova bi se izvukla tvoja majka, da te je ovde rodila?! O, nepravde! Jesi li pomišljao koliko je duboka poniznost u kojoj traješ. Briga za ljudski život – čini se da imaš odgovor čoveka pored tebe ali onog što nije lud niti invalid. Ima na ušima slušalice malog kasetofona što podrhtava u džepu košulje, bori se za postojanje muzike koja te muči dok je slušaš, drži u ruci imaginarnu gitaru, ali za njega više nepostojeću, neće ti učiniti išta rđavo ako sedneš pored njega, u avionu što leti iz podneva jednog dana u noć jednog sna, nećeš imati hrabrosti da ga kucneš po ramenu i da zamoliš da ti pozajmi gitaru na nekoliko sati, dok ne pređete Atlantik ili dok ne stignete iznad Budimpešte, budući da od ovog orijentira; ko zna, mnogi ljudi veruju da si ćaknut, videvši kako na gitari svira onaj mladić što na ušima drži slušalice nekakvog kasetofona, tvoj saputnik slučajni, na povratku. Ne možemo da trčimo, ali treba da stignemo kući. Da se probudim kraj visokih blokova, na čijoj fasadi svetle reklame... Na velikom bulevaru nabujala reka dugih i metaliziranih automobila. Ne usuđujem se da zaustavim prolaznika i pitam ga gde je moja kuća. Iz uličnog žamora razabrah nekakav huk... Zatim me zapahnu hladan val vazduha. Vetrić sa mora! Ušao sam u široku aleju i, promakao kraj dva bloka što sražariše, otkrih u fluorescentnoj svetlosti moju plažu, senovitu i hladnu. Koliko blizu kuće bih? Gotovo iza dekora u kojem sam se zagubio, nalazio se moj blok. Stari, crni, izjeden vetrovima. „Ovim blokom počinje naša zemlja, ako dolaziš s mora", setih se, srećan, očevih reči. Ali blok ispred ponovo je zadobio zidove neuseljenih još stanova. Možda se u međuvremenu patuljast i bradat arhitekt vratio sa ekipom radnika da vrati na svoje mesto zidove! Na četvrtom spratu falio je naš stan, a na petom gospođica Puša ostala je bez zidova. Izbrojah u mrkloj noći osam stanova koji su zjapili bez zidova. Osam crnih rupa. Udaljio sam se, okrenut prema njemu misleći da me je vid izdao. Desno, hotel gosn Remusa je nedostajao. I olupina teretnjaka je iščezla. Nisam više čuo huk mora. Najednom zid bloka bljesnu. Pravougaonik svetla se proširio na ceo zid. Osvrnuh se levo-desno i otkrih svetlosni izvor što je projetkovao džinovski pravougaonik. Zaprepašćen u dubokom mraku. Na mom bloku neko je postavio bioskopsko platno. Zatim se pojaviše i prve slike. Nekoliko džinovskih sisa, jedan pozamašni falus što ga je milovao jezik moje sestre, kosa Lujzina u neredu zadovoljstva... Zatvorih oči, ali je film pronosio i zvuk. Začepio sam u očajanju uši, ali erotski uzvici se pretvoriše u prirodnu pojavu koja se poput kiše sručuje preko zemlje u kojoj sam zalutao...

Povratio sam se potrčavši u pravcu u kojem sam pretpostavljao da se nalazi more. Visoka žičana ograda delila je plažu po dužini. Onamo kraj ograde, nekoliko desetina metara dalje, uzdizao se jedan osmospratni blok, s unakaženom fasadom. Na četvrtom čkiljila je sijalica u kuhinji. Mama još nije bila legla. Jurio sam kao sumanut pored žičane ograde praćen jecajima Lujze pokušavajući da nađem rupu kroz koju mogu da se provučem, ali je ne nađoh. Mreža beše gusta i dobro zategnuta između betonskih stubova. Sruših se na kolena. Pored bloka u mojoj zemlji izgrevao je mesec. Lujza je vrištala raspamećena. Ali zdesna, preko ograde, začu se zvuk teškog motora. Žuta dizalica vukla se plažom praćena ludacima. Buku *metalne zverke* nadjačava senorna raspojasanost moje sestre. Pridigoh se dajući im znake, zalud sam vikao, bar da me neko vidi, ovde sam, u vašoj blizini! Dizalica se usmerava prema meni, poskakaše sa nje i stadoše da plešu kraj nje, s flašama u rukama. Plesahu po partituri orgazma moje sestre. Plesahu na svoju đavolsku muziku koja je dolazila sa kasetofona. Poslednja koja je sišla iz kabine bila je Kristina kojoj je pomogao američki narednik, stražar pred konzulatom. Na jedan znak koji nisam opazio sedoše u krug, sklupčani, samo Kristina i

Amer ostadoše na nogama. Devojka poče lagano da se svlači bacivši prvo jaknu a potom i suknju.
– Kristina, volim teee! – viknuh preko ograde.
Tek tad su me otkrili. Neki su prstom pokazivali na mene, otkrivši me, narednik krenu u mom pravcu. Zaustavi se ispred mene. Bio je ružan kao gorila. Cerio se, a beli zubi uhranjene životinje se ukazaše.
. – Hoću da se vratim! Strah me je!
– Dobro. Kako želiš!
Kleče i poče da čisti pesak sa osnove ograde. To isto sam radio i ja. Kristina je čekala gola. Lujzin glas se više nije čuo. Okrenuh glavu i improvizovano platno sa bloka bez osam spratova iščeze.
– Govoriš li rumunski? – šapnuh naredniku ne prekidajući s kopanjem.
– Ja sam Oltenjanin i svakog dana sam premazan kremom za cipele – odvali majmunčina i prasnu u smeh.
Zatraži mi torbu. Zatim, dade mi na znanje da ne mogu da prođem ogrnut kaputom. Poslušah ga i prođoh kao kroz sir. Onamo mi je vojnik pomagao da se podignem, ali mi nije dao da krenem. Otpratio me je do njihovog društva, držeći me za ruke, kao kakvog dezertera. Ludaci nastaviše da potežu flaše s votkom. Ragbista je nedostajao.
– Mogu li da vam ispričam sve što sam video!
– Nije potrebno – odbrusi mi jedan gromki glas. – Uplašio si se. Ti si rođen da živiš ovde.
– Kopaj – naredi mi narednik primoravši me da kleknem. Nisam se protivio. Kopao sam očima uperenim u Kristinine članke. Hladan pesak mi je ozledio prste. Oni su *cugali,* dimili i nisu me požurivali. Imali su strpljenja da ja svoj posao okončam. Majmunčina s glinom u šupku uhvatio me je ponovo za ruku udaljivši me od rupe, praveći mesta Kristini da uđe u nju. Grubijan me gurnu tražeći od mene da je zatrpam. Stavljao sam joj pesak nežno oko vrata, sve pazeći da joj ne uđe u uši. Narednik je odmerio pet koraka od Kristinine glave. Tamo podiže brežuljak peska.
– Odustani, Kristinaaa! – Pohitah ka brežuljku, pokušavajući da stavim torbu na mesto opklade.
– Marš – šutnu narednik torbu.
Izvadi iz unutrašnjeg džepa uniforme tanku beležnicu koju položi na brežuljak. Prepoznah pasoš. Da sam ga

otvorio, našao bih unutra vizu za Ameriku na Kristinino ime. Narednik me zaustavi šakom. Kristina krenu. Neko me potapša po ramenu, davši mi znak da izađem iz njihovog kruga. Povukoh se, pored prednjeg točka dizalice. Noć je gubila moć. Kuhinjsko svetlo nije više gorelo. Kristina napravi dva-tri energična koraka ne odajući ni najmanji znak umora. Narednik ju je pratio stojećki, s rukama na bokovima. Kristina zavrte glavom, kao da se guši. Uvuče vazduh u pluća a potom nadu i obraze. Izdisala je zviždeći poput lokomotive. Beše već na dva koraka od pasoša. Pesak je oko nje kipio – kao da neko pokušava da je odvuče unutra. Ne bi nam dopušteno da joj pomognemo, bez odobrenja onog bilmeza koji se klatio. Kristina kratko kriknu i zabaci glavu. Pohitah prema krugu ali Amer beše brži od mene otkopčavajući je vešto. Ludaci poskakaše, gledaju nas. Narednik nije imao strpljenja da je raskopča do nogu, ščepa je za miške i povali je na pesak. Prisloni uvo na devojčine grudi.

– Živa! – Podiže se trijumfalno, s rukama dignutim uvis.

Vest pokrenu hor krikova i zviždukа. Muzika odjeknu iz kabine i rokeri, šverceri i mini-suknjice bezbrižno počeše da poskakuju. Crnja skupi Kristininu odeću jednom rukom, sakri pasoš u džep uniforme i hitro se okrenu ka nepokretnom telu. Možda se plašio da mu ga ne ukradem. Uze Kristinu u naručje, dobaci ludacima jedno „ćao" pa se uputi ka hotelu gosn Remusa. Ludaci se smestiše u kabinu i u „pehar" pristiglog bagera. Upališe *žutog slona* i posle teškog zaleta napustiše plažu urlajući, urlajući... Ostadoh sam samcit, u grobnoj tišini. Krsitinina rupa je još uvek imala vrlo čudan oblik, cilindar sa čije osnove kreću druga dva, manja cilindra. Kao da se u pesku okupao robot iz časopisa „Nauka i tehnika". Na dnu velikog cilindra opazih kamen velik kao kokošje jaje. Možda je taj prokleti kamen sprečio Kristinu da dospe do pasoša! Pomislio sam da ga zavrljačim u more. Ali kamen je bio mek, dobro okrvavljen. Kroz prste su mi tekle crvene niti. Zmije! Kamen mi ispade. Krenuh malim prstom kroz pesak: mrtva zenica veća od kokošjih koje je majka nekad sekla u kupatilu. Topla bujica mi obli nepca. Rupa je mirisala na krv. Čeprkao sam besciljno, razgrćući pesak rukama i nogama. Cilindrični obrisi rupe se izgubiše. Vadio sam pesak pomešan s krvlju. Bila je još sveža. Odjednom, neka me ruka povuče u dubinu. Imala je spljoštene prste. Uplašeno trgoh ruku i zajedno s njom izvukoh i jednu iz lakta isečenu, zamotanu u orkvavljeni štof – krpe od odela gospodina Remusa!

## 11

Već beše minula ponoć i ništa me više nije moglo zaustaviti, došlo mi je bilo da viknem, ah, kakav maler, gospođa Hermeneanu, budi mirna, zar ne vidiš da su radnje zamandaljene? Pala sam s nogu od bazanja po zabiti. Bezmalo dva sata špartam ulicama, idući od jednog do drugog izloga, bacaš oko pa kreneš, ko bi, brate, tražio u noći moć? Stisnuvši zube sledila sam se. Cela brodogradilišna mahala uspela je kučiće da nahuška na nas. Kapiraš li koju smo opasnost imali nad glavom? Đavo me je naterao da te pratim. I bez sna! Kafa je kriva za sve! Bacila sam paket ali ne pomaže! Posle nje trezna sam išla za tobom kad si krenula uz brdo, prema manastiru, avaj, nevolje!... Nestale su mi vojvode! Odnela ih je istorija!

Gospođica Puša se sruši pored mene. Plakala je šmrkćući. Žurio sam da bacim maramicu u rupu i da je zatrpam peskom, da zbrišem tragove. Naša se komšika tresla kao prut. Podigavši lice unakaženo bolom:

– Nisam li poludela? Kaži mi! Ti treba da mi kažeš ako sam vrdnula!... Uzverala sam se na ovo brdo kao lavica. Miriše nešto! Đavolsko svetlo! Pokazuje direkt grobove mojih idola. I ja, glupača, nisam imala kuraži da ih zaustavim. Sinoć sam imala neko predosećanje, sve nakon filma u kojem je igrala Lujza... Igra je način da se nešto kaže. Avaj, u koje se odvratne stvari uvukla! Zar je uzela gomilu para? Ne znam da li sam video takve, džonjajući pored televizora i slušajući sve sama blebetanja. Već je lupao i gospodin Jermeneanu na nas! Lupao je i urlao na nju, kao da nije hteo da se Lujza uda za Dana Dugana, zato što je igrao na kartu svoje časti, da ne bi okaljao svoje ime! I sama je, stari moj, kriva! A ako je video film sa Lujzom verujem da će saraniti svoju majku! Biće reči među njima, biće je ceo život. Bitka će je održati unutar porodice. I ti si pobegao od kuće, i ja sam pobegla posle nje, i kao što sam ti rekla, pratila sam te kroz zabiti, ali do brda nisam stigla. Obio si katanac na manastirskim dverima, koju si snagu samo pokazao, zatim si obio katanac crkve i ušao! Sama je uklonila dva grobna kamena i sišla...

Gospođica Puša prasnu u smeh. Dobro sam zatrpao i poravnao rupu.

– Kad sam stigla već je bilo kasno. Grobovi behu prazni. Gde su kosti? Gde si, stari? Tražila sam po crkvi, u mrklini, gospođo Hermeneanu, gde ste se sakrili? Vratite mi kosti naših vojvoda da nas ne kažnjava istorija! Pošto mi se duša obrela u nosu, upalila sam sveće i počela da naričem, kad videh iznebuha kako se nešto u grobnici mrda, bejah gotova da se onesvestim! Ukaza mi se jedan od grobova, kao utvara. Nije bila utvara, bila bih srećna da naiđem na Hadžija!

– Kog Hadžija? – Dotakoh joj ruke koje su drhtale pod kućnim ogrtačem.

– Ne znaš ga? Cela varoš zna za to čudovište od deteta! Rekla sam joj, gotovo iščilela od istorijskih bolova: *gospođo*, kako ste dospeli dovde?! Zašto se igrate s mojim životom? Kako je ona ništarija od Hadžija stigla u sveti grob? Ali tvoja majka me nije ni slušala, mazila je tog pobačenika, dirkala ga je i ljubila po njegovoj orangutanskoj njušci. Nisam izdržao i briznuo sam u plač. Tad se probudila i tvoja majka i vratila se do mene. Rekla mi je da je to bila najlepša noć njenog života, bila je u Americi. Opa! Uplašila sam se da ti majka nije vrdnula iz pameti. Uze me podruku i pokaza mi: ovde sam prošla za Ameriku! Videla sam svojim očima da iz jednog od zidova grobnice polaze dva ispusta za kanalizaciju i kroz jedan je tvoja majka otišla u Ameriku, nakon što je u krpenoj torbi pohranila sve mošti vojvoda. Uzela ih je sa sobom, uzela, ali nije otišla predaleko. Dovod je urađen po vertikali, mi smo na jednom polu a Amerikanci na suprotnom... put je bio lak, izgleda kao da je pao, poput kese đubreta, na našu kantu pred zgradom, pao je odavde i na drugom kraju se strovalio baš na ulicu punu sveta, kola, bleštećih svetala i, na kraju krajeva, zaustavio se u bakalnici. Tamo se *šepurila* ostavivši u prtljagu kosti mojih vojvoda i unutra nabasala na Mariusa koji je žurio ka policama s hranom. Povukla ga je za ruku. Bože, oprosti mi! Nije ga pratila do kuće. Vratili su se onim drugim do-

vodom i to nije bilo naročito teško jer je Zemlja stalno u kružnom kretanju i iznova padoše, kao dve kese đubreta, nazad. I nakon što je meni ispričala ovo što ja sad tebi pričam, vidiš, ovoga mi krsta ako lažem, uze Mariusa u naručje, u stvari Hadžija, sa svim zverima i odnese ga u vašu kuću. Slušaš li me, bre?! Kud žuriš? Pogledaj me lepo! Jesam li šenula?
— A šta je bilo s dovodima?
— Nisam imala hrabrosti da uđem sama. Vratila sam kamenje na mesto i stavila sve kao što je i bilo. Zvaću arheologe. Kad dođu, davaću izjave i kazaću im golu istinu. Mošti mojih vojvoda ostale su tamo. To znači krađa nacionalnih dobara!
— Ima li pacova u dovodu?
— Vraga! Dragi moj, dovodi mirišu lepo kao i prdež tvoje sestre u njenoj sobi! Oh! Šta da činim?
— Gospođice? — Stegoh joj obraze rukama, da me gleda pravo u oči. — Mogu li nešto da te zamolim? Da! Molim vas da se udaljite sa ovog mesta! Da! Ostanite tu dok se ja vratim. Ne duže! Sunce je izašlo i ugrejaćete se.
— Neću se pomaknuti odavde, dragi! Celog života sam čuvala svoje bližnje, za njihovu prolaznu istoriju! Istina je da Lujza ima moćne sise! Gnječio ih je onaj *balavander* iz filma, Bobi, tako dobro da je i meni malo falilo da svršim. Ima šta da pokaže tvoja sestra! I ja da sam na njenom mestu isto bih učinila samo da mogu da odem!

Otrčao sam kući. Vrata su zjapila širom otvorena, i u hodniku se osećao pečen luk. U kuhinji mama je posadila *bogalja* za sto. Gvozdene ručke su mirovale odbačene pod lavaboom. Mama skoči sva ushićena:
— Vidi ko nam se vratio? Marius! Vidi ga kako briše pasuljče! Sve da pojedeš, Mariuse! A ti, gde si ti bio dosad? Da ti isečem još koju krišku hleba, Mariuse?

Bogalj se cerio punim ustima! Sos mu je curio po bradi, po grudima. Mama ga je salvetom brisala nakon svake kašike koju mu je stavljala u usta, drobeći mu hleb drugom rukom ravno u tanjir. Beše mu obukla zeleni džemper. Bogalj je već bio usvinjio oba rukava. Glasno je mljackao, kreveljio se poput majmuna. Šerpa sa šporeta već je bila poluprazna.
— Zašto stojiš tu? Pridruži nam se! Nisi ni poljubio Mariusa! Brat ti je! Šta imaš protiv njega, a?! Mariuse, ajde

reci mami gde si toliko vremena proveo? Zašto ne poljubiš već jednom Mariusa? Hajde, poljubi ga! Stariji ti je brat.
  Bogalj udari kašikom u tanjir, zrna pasulja se *razbežaše* po celoj kuhinji. Mama skoči i pokupi ih, ćutke. Uđoh u trpezariju. Tata je bio okupiran nekakvom naučnom emisijom na TV. Sedeo je u svom omiljenom položaju s ispruženim nogama preko stolice. Samilosno me pogleda i onako kao za sebe:
  – Izgubio si pare i mantil.
  – Tata, ko je ubio gospodina Remusa? – Seo sam na stolicu.
  – Izgubio si pare, tuberanu nijedan!
  U kuhinji se čula lomljava tanjira. Naglo vrata trpezarije lupiše o zid i na pragu se pojavi Lujza. Iza nje, za glavu viši, Bobi – žvakao je gumu.
  – On je – pokazala je Lujza prstom na tatu.
  Pridigoh se spreman da pozovem mamu. Videh kako Lujza nervozno grize donju usnu. Tata je zapanjen zurio u televizor. Bobi krenu prema krevetu oborivši usput stolicu na kojoj sam ja sedeo i podiže zatim opasač iznad glave.
  – Ubiće me, braćo! – kriknu otac poslednji put a Bobi ga ošinu žestoko po licu. Zatim ga udari po glavi, jednom i još jednom; tata se nije branio. Podnosio je rokerove udarce, a ovaj je tukao kao lud telo koje se već predalo. Lujza se naslonila na ram vrata. Ja sam blenuo. A mama je hranila „Mariusa" u kuhinji. I Lujza je zaplakala otvorenih očiju. A Bobi je tukao svojski. Oštar krik ga zaustavi. Nije to bio tata. Uzvik je dolazio, činilo se, s tavana i roker diže pogled.
  – Kakava smešna fleka! Liči na kartu Amerike!
  Moja sestra otrča do prozora. Vrisak je dolazio spolja. Roker se vrati do Lujze ne odlažući *korbač*. Tata je ležao onesvešćen u krevetu prućen preko stolice. Okrvavljena glava pala mu je na rame. Lujza otvori vrata balkona i nagnu se. Bobi ju je sledio. Izašao sam i ja na terasu, privučen kricima koji su dopirali s ulice. Sa onog mesta gde sam je ostavio g-đica Puša se drala pokazujući nam prstom u nebo.
  Nije pravio buku, možda je leteo sa isključenim motorima. Sve mu se više visina smanjivala. Ličio je na kopca koji se spremao da kidiše na poslednji sprat naše zgrade. Ipak, zaobišao ga je džinovskim krugom vrativši se nad

more. Beli avion. Tražio je očito mesto gde će da sleti. Nije više imao šanse da se spusti na tlo. Sleteo je na stomak, podižući talase u blizini olupine.
– Dođavola, tone – žalio je Bobi.
Ali se bela ptica udalji od tankera, nošena vodenim strujama. Zaustavi se dva kilometra od obale, proceni gosn Remus. Kao da je pilot bacio sidro.
– Stigao je Marius – uzviknu Lujza i roker to prihvati, dižući opasač kao pobednički znak. – Siđimo – naredi moja sestra.
U Holu nas je čekala mama.
– Lujza! Vidi ko nam je došao? Marius! Marius je smazao sve iz tanjira. Hoćeš li i ti dve kobasice uz pasulj?
Mama uđe u kuhinju i povuče tabure za Lujzu. Maši se za tanjir, ali Lujza je tresnu tabureom po nozi. Mama je negodovala:
– Lujza! Kako se to ponašaš prema majci?! Videće te Marius!
– Pogledaj kroz prozor! Pogledaj kroz prozor!
Mama se privuče prozoru, ne sklanjajući dlan s bogaljevog čela. Izgledala je zapanjena:
– Šta je? Ništa ne vidim. Što nećeš da jedeš s nama?
– Gledaj, na morskoj pučini...
– Pa to je avion!
– Došao je Marius! I Lujza krenu ka vratima.
Na plaži g-đica Puša trčala je kao sumanuta, visoko zadignute suknje, bosonoga, kličući poput Bobijevih rokera. Avion je lebdeo upravo naspram naše zgrade. Imao je oštar beli rep. Vetar s pučine kao da ga nije ni pomerio. Mama je sišla s mantilom preko ramena, u papučama, ali se nije pridružila našoj grupi. Niko se nije usudio da glasno upita šta je sjajni beli avion tražio u našim vodama. Posle sata posmatranja trgao nas je iz letargije narednik G. Postolake, u tankoj, prolećnoj uniformi. Nije bio iznenađen aparatom sa pučine a nije tražio ni detalje od g-đice Puša.
– Mislim da su mi Amerikanci poslali rezultat konkursa. Pobedio sam, kao što sam ti rekao – šapnu mi cajkan glasom siptavim od uzbuđenja.
– Ako nije niko sišao, znači da nas očekuju – trže se Lujza nakon dva sata tihog divljenja. Nemojmo više gubiti vreme! Plivajmo do njih!

– Nisi u pravu! – skoči Puša da je zaustavi. – Voda je hladna i ne možemo svi plivati u ovoj vodi. Ja imam pneumatični čamac, imam i vesla za njega! Možemo njime svi! – I ne čekajući ničije odobravanje g-đica Puša otrča do zgrade.

Narednik se ne pokaza baš oduševljen ovom inicijativom. Održao nam je za svaki slučaj, kraći čas o potrebnosti preduzimanja mera za sprečavanje... Sprečavanje čega? – zainteresovao se Bobi. „Opasnosti!" I posavetovao nas je da nabavimo zaštitna odela; njega je štitila uniforma. Mama koja nam se u međuvremenu približila seti se onih četiri gas-maske što nam ih je Marius poslao za Božić. Objasnili smo da nam maske nisu poslate od Mariusa već da smo ih našli na plaži, da su neupotrebljive... ali nije nas čula ni tad ni sad. Dobre su! Idi i donesi ih!

– Nemoj njemu ništa reći! Ako kroz prozor primeti i bude hteo da dođe, dobro! Ali nemoj mu reći – da ne izbije skandal! – upozorila me je mama.

Ustrčao sam poput munje do četvrtog sprata, zato što je naišla gospođica Puša sa čamcem i veslima od lakiranog drveta. Mama je bila ostavila otvorena vrata. U hodniku je zaudaralo – mokraća! Televizor je bio uključen sa tonom do daske. Emitovane su poslednje vesti. Kuhinjski sto je bio prevrnut i preko njega su visile gole note moga oca, Ilije Hermeneanua. Tata se lagano klatio u omči svog kaiša. Amerika s tavanice je upropastila kreč naspram lustera zbog težine koju je podnosila. Iza stolice bogalj je zverao u mene. Disao je teško, hrapavo – cvileći. Uzeo sam gas-maske iz šifonjera i strčao. U međuvremenu su pripremili čamac i otisnuli se u more. Lujza mi istrže maske, brzo ih pogleda pa ih dobaci u čamac. Grigore Postolake prvi uđe, zatim g-đica Puša uz nemalu Bobijevu pomoć. Ja uđoh čak pre Lujze.

– Zašto otac ne silazi? – upita me mama s obale. – Rekla sam ti da ga pozoveš.

– Zvao ga je deset puta – odvrati Lujza umesto mene. – Šta hoćeš? Da ga dovuče na silu? Sedi pred televizorom, to je želeo celog života.

– Lujza, lako je tebi da pričaš, ja ostajem sa njim, vi odlazite. Ne zaboravi, i on te je gajio, donosio novac u kuću, ima sva prava da i on vidi svog sina. Moja je obaveza da mu javim, pa sa njim sam hleb jela.

— Zar ne vidiš da neće da siđe! Koliko hoćeš da ga molimo? Hajde, uskači!
— Ja nikud ne idem! Idite vi! Ja ću da posmatram operaciju odavde!
— Ti odavde da gledaš — oponašala ju je Lujza. — Šta vidiš odavde? Tako oduvek živiš strahujući od njega, ne skidaš ga s jezika i — vidi šta si postigla?! I posle toliko godina još te mlati. Mlatio te i prošle noći, zar ne?
— Zbog tebe!
— Zato što nisam htela da se udam za onog kriminalca!
— Lujza, čuće nas ljudi! Ovde je moja kuća. Ja ne odlazim od kuće...
— Kako hoćeš ali ako smesta ne pođeš sa nama, više nemam majku. Nije me briga, nek te gamad pojede još na stolu. Ja neću doći ni da te sahranim. Nek te on zakopa.
— Hajdete, gospođo! Ispričaćemo mi gospodinu Hermeneanuu kako je bilo. Noć nas hvata — tobož se ljutila gospođica Puša.

Mama se pomiri sa sudbinom. Ušla je namrštena u čamac, nakon što je obukla i prikopčala mantil, sela je leđima okrenuta nama, prema pravcu vožnje. I Lujza je ušla, pa se smesti Bobiju u krilo, vidno oduzimajući ravnotežu čamcu, narednik i naša komšika se dočepaše vesala. Išli smo protiv vetra. Mama iz džepa mantila izvadi maramu i zaveza je preko glave. Zatim se pogrbi uz krmu brodića, bez naročitog zanimanja za sam cilj *ekspedicije*. Naša zgrada se videla, uistinu, kao kula od karata. Oni ispred snažno su veslali. Lujza i Bobi su pažljivo pratili napredovanje. Blizu smo cilju, vetar se smiruje. Već smo jasno videli prozore, pustu kabinu pilota, rep bez znakova nekakve avio-kompanije; čak i male sijalice montirane na trupu aviona. Aeroplan je ličio na umornog kita, mada nikad u životu nisam video umorne kitove! Približili smo se jednom krilu širokom kao fudbalski šesnaesterac. Činilo se da avion nije havarisan. G-đica Puša prestade da vesla i prati cajkana u kormilarenju prema krilu bele ptice. Odjednom se ukopasmo — kao da smo naleteli na peščani sprud. Voda je bila čista, avion je bio visok kao tri sprata naše zgrade. Na prozorima ni žive duše. Mama okrenu glavu. G-đica Puša razbi tišinu i predloži da ga opkolimo, možda će nas neko iznutra videti. Ali sve je to bilo uzalud. Onda, hajde da vičemo, insistirala je g-đica.

Možda će nas čuti, kad su već ćoravi. Počesmo da vičemo u različitim tonalitetima ne bi li nas... policajac je koristio pištaljku, Bobi kliknu, mama potišteno viknu „Marius", Lujza pokuša jedno „Upomoć!" ali bez rezultata.
– Bolje da se vratimo! Sam će doći kući, kad ga glad skoli – kaza mama.
– Možda spavaju – ohrabrila nas je Puša. – Da mi je kamen pa da razbijem prozore. – Lujza iskoči iz rokerovog krila pravo na krilo aviona. – Kopno! – doviknu nam sva srećna.
Odustala je od cipela. Hodala je po krilu, na vrhovima prstiju, do trupa aviona. Dotače ga dlanovima i vrati se ka nama, klimnu glavom kao da hoće da kaže da je sve to zbilja a ne iluzija. Prisloni uvo na trup aviona. Iznova se okrenu, slegnuv ramenima. Bobi ju je sledio. Bio je u čizmama. Iako je izgledalo da je krilo lomno, avion nije balansirao. Iskoči iz čamca i milicajac, pruživši g-đici ruku, zastade sa njom u vazduhu, naša komšika je zabezeknuto gledala u otvorena vrata aviona. Neko ih je otvorio i montirao stepenice od metala koje su dosezale do krila gde smo mi pristali. Gospođica nam prstom dade znak da treba da se popnemo. Krenusmo jedan po jedan uz stepenice; ja poslednji za mamom. Kad stigosmo unutra mama nestade i, umesto nje, smešila mi se jedna rasna plavuša, u plavoj uniformi, pozdraviviši me klimnanjem glave.
– Ljubim ruke – uplašeno joj uzvratih, ne usuđujući se da je pažljivije pogledam.
Beše mlada. Pokaza mi pruženom rukom pravac koji treba da sledim. Nisam nikad ranije bio u avionu i nisam mogao da imenujem to što me je okruživalo. Gurnut dobroćudnim pogledom stjuardese, stigoh u putničku prostoriju, s foteljama u dva reda, fosforescentno osvetljenim s tavana. Gazio sam po mekom, crvenom tepihu. Drugi su već zauzeli mesta udobno se smestivši na foteljama. Mama mi je s prozora davala znak da otrem cipele na ulazu. Bobi je isprljao tepih svojim čizmetinama. Međutim, ja na ulazu nisam otkrio otirač. Odustah, zbunjen plavušom koja naiđe te sedoh kraj mame, u drugom redu. Ispred nas, Puša i Grigore. U susednom redu fotelja, malo pozadi, smestili su se Lujza i Bobi. Samo mi u džinovskom avionu. Hladan vazduh je dopirao sa fosforescentnog tavana. Stjuardesa je zatvorila vrata i sela uza

zid, s rukama na leđima, pred nama kao kakav stražar. Smeškala nam se kao da nas oduvek zna i gle koja srećna prilika da nas ponovo sretne. Primetih da gospođica Puša lista neki časopis u boji. Za leđa fotelje u kojoj je sedeo Grigore bila je prikačena tanka mreža što je držala knjigu s belim koricama. Razumeo sam da bi to trebalo da bude časopis koji je predstavljao avionski red vožnje i turističke informacije. Mama pomisli na istu stvar i izvadi iz njene mreže drugi primerak knjige. Stjuardesa nas je gledala smešeći se. Izvadio sam i ja knjigu sa belim koricama i otvorio je na prvoj stranici. Bila je prazna. Ni na drugoj ništa nije bilo odštampano. Nakon sledeće stranice otkrio sam ove redove:

„Ona dvojica poljskih turista koje smo naučili brčkanju u pesku ođoše poslednje noći avgusta, isplativši u žurbi hotelski račun."

Preostale stranice bile su prazne. Mama me munu laktom i pokaza mi prstom stranicu iz njene knjige:

„Recept za preliv je isti kao za 'poljupce'. Tuku se na proključaloj vodi sedam-osam minuta da budu dobro zagrejane i oblikovane, da se ne šire nekontorlisano u tepsiji. Smeša se stavlja na poslužavnik za tortu, u što većoj gromadi..."

Mama mi namignu, nasmešivši se prvi put. Glas iz skrivenog zvučnika saopšti mi nešto vrlo kratko, na šta stjuardesa dođe do prednje fotelje i pomože Puši i Grigoreu da vežu pojaseve. Pomože i nama. *Plavojka* je imala nežan ten i gotovo da nas je ošamutila nekom vrstom finog parfema. Lujza i Bobi razumeše naredbu iz zvučnika i sami vezaše pojaseve. Stjuardesa ih samo proveri. Lujza je zatim upitala nešto na engleskom i plavuša joj klimnu glavom, ljubazno. Sve troje se nasmejaše. Ta scena je ohrabrila mamu. Hteli bi da znamo zašto su se nasmejali. Stjuardesa se vrati na svoje mesto, sede, s rukama na leđima. Posle nekoliko trenutaka glas iz zvučnika posla kratku naredbu i žena se sklupča, brzo vezujući pojas izvađen iz zida. Odmah sam začuo motore. Mama me opet munu laktom pokazujući mi ka prozoru. Krenuli smo. Krilo aviona je u brzini udaralo o krilo talasa. Mama me povuče bliže prozoru. Nisam imao vremena da opazim našu zgradu, voda proguta krilo i na trenutak prozor postade zelen kao staklo akvarijuma.

– Poleteli smo – prošapta mama.
Stjuardesa nam pomože da odvežemo pojaseve. Nagnuta prema prozoru g-đica Puša je prstom pokazivala Grigoreu. On je klimao glavom, ushićen. Pozadi, Bobi se udobno smestio sa slušalicama na ušima čiji su kablovi dosezali do naslona fotelje. Tresao se u samo njemu poznatom ritmu. Lujza je koncentrisano čitala iz svoje bele knjige. Pokušah da joj rukom dam znak, ali me ona ne primeti. Na koricama knjige opazih nacrtan krst. Stjuardesa se pojavi na vratima pred kojima je stražarila. Mama me povuče za rukav:
– Vidi kakva svetla ovi imaju! Nismo valjda već stigli?!
Ne sačekavši odgovor, prisloni čelo o prozor – pravo na usta velike ribe koja nas je razrogačeno posmatrala. Riba zinu, onda repom zviznu o prozor i nestade u mraku, ostavljajući za sobom niz svetlucavih mehurića. G-đica Puša i Grigore su zamenili mesta. Milicioner je prilepio nos uz prozorsko staklo a g-đica bi uskliknula kad bi videla ribicu ili algu. Jedno su drugom pokazivali svakojake sitnice. Glas iz zvučnika se vrati u skladu sa usklikom stjuardese. U naručju je držala nekoliko gas-maski koje su ličile na naše. Bobi ih ne beše zaboravio u čamcu. Pokazao ih je stjuardesi koja potvrdno klimnu glavom. Podeli ih tako što nama dade naše a onima ispred dade dve maske od strane posade. Potom nestade na ista ona vrata a glas iz zvučnika zaneme. Roker nije više uživao u muzici. I Lujza je odustala od čitanja, odsutno gledajući kroz prozor. Plavuša se pojavi poslednji put. Fiksirasmo uz njenu pomoć maske. Kroz ostavljena otvorena vrata uperena u nas beše jedna cev debela kao ona za toplu vodu u našoj zgradi čiji je kraj bio zapušen. Na dlan udaljenosti od kraja beše montirano više otvora za slavine. Uz pomoć nekih creva stjuardesa je vešto navukla maske na neki od navojnih otvora. Avion se zaustavi iako nas glas iz zvučnika nije upozorio. Stjuardesa nam dade znak da ustanemo. Isprati nas do vrata aviona.
Najpre su izašli Puša i George ruku-podruku, kao zaručnici, za njima mama koja me je hrabro teglila. Lujza i Bobi nas pretekoše, u trku, po podvodnom pesku. Počeli su da cupkaju a potom da tapšu rukama, da se grle. Mama me čvrsto steže u naručju. Beše se lišila mantila i hte-

de da me poljubi ali je ja sprečih da nam se creva kroz koja smo disali ne zamrse. Cajkan je gospođici pokazivao pejzaž u našem okružju. Ljubičasti peščani beskraj sa granicama koje je utvrđivala tama vode. Na njušci aviona upalio se reflektor prateći nas. Voda postade zelena kad nabasasmo na sprud pun riba. Morska mačka koju sam poznavao samo sa televizije prođe iznad nas. Uskoro, nakon što smo se oporavili od šoka reflektorskih svetala, iznova stadosmo da cupkamo, da se grlimo. U masci, udisao sam oštar vazduh s mirisom breskve. Creva maski nisu nam dopuštala da se previše udaljimo od aviona, ali mi smo ipak bili srećni. Voda je bila topla. G-đica Puša pade na kolena, pa glavačke u pesak. Ljubila ga je. Milicioner joj skoči na leđa – *šala!* Bobi i Lujza su se jurili. Mama je cupkala dajući mi svakojake znake. Nisam ih razumevao. U zelenom svetlu reflektora, šunjala se među nama prilika s maskom na licu. Prvo je cupkajući zaustavila mamu i pokazala joj rukama znak: gotovo! Oštar vazduh iz maske proredio se: sve teže smo disali. I miris breskve je nestao. Mama nije iz prve razumela i uljez ponovo napravi isti gest: gotovo! Brutalno nasrnu na mamu gurnuvši je ka avionu. Zatim se pozabavi milicionerom, oslobađajući gospođicu Pušu, koja je pala na zemlju, steže je. I njima objasni nakon što ih je postavio na noge: gotovo! Klimnuše glavom: Hoćemo još! Gotovo! Ne može više? Ne! I gurnu ih prema avionu. Mama je već bila nestala. Bobi više nije jurio Lujzu. Spazio je gest uljeza i, kad se ovaj približio, pokaza mu onu stvar. Uljez ga udari po maski, oborivši ga. Potom ga podiže na noge i gurnu ga u već poznatom smeru. Bobi se saplitao. Ni mene nije zaobišao. Iz daljine mi je signalizirao: gotovo! Marius? Imao je Mariusovu visinu, ali je bio obučen u ronilačko odelo. Poslušao sam ga, krenuvši prema avionu. Bobi se s velikom mukom penjao uz metalne stepenice. Na stepeništu se osvrnuh. S rukama na leđima uljez se zaustavi pred Lujzom. Čekao je da moja sestra izvrši naredbu: da nam se pridruži. Međutim, Lujza strže masku i njena kosa se rasu u zeleno svetlo iz dubina.

    Lujzino telo je nađeno nakon dva dana, zakačeno za propeler olupine tankera. Našao ga je Bobi, posle brojnih ronjenja u zoni, potpomognut od strane njegovih rokera. Istog popodneva pojavila su se na plaži dva muškarca u jednom novom „fiatu". Bučno su sišli, zagrlili su me uputivši mi neke reči na nepoznatom jeziku. Bradati patuljak ih je upozorio na lošem engleskom jeziku da kola ostave iza hotela jer će za pola sata zgrada od osam spratova biti sravnjena sa zemljom. Nije baš uspevao da im objasni reč „implozija" koja je vezana za tehniku rušenja ali se setio naduvavši dlakave obraze „buuum!" Njegova ekipa već je bila montirala žice čekajući da se vetar s pučine stiša.

– Ova zgrada više nikoga ne zanima – reče arhitekta, više za sebe.

# HUMORNA ISKLIZNUĆA
# I METAFIZIČKE LUDOSTI

U ovoj „komediji ideja" lična grafomanija i ideofobija dobijaju tragikomični karakter (ne samo komički!) tako što crveni politički teror i društvena lakrdija prethodne epohe kao neprolazni eho, u svakodnevnim navikama, u načinu razmišljanja, u grubom i direktnom generacijskom sudaru: „novotalasnih" (grupa „rokera, švercera i mini-suknjica") i „ušančenih" (roditelja, bivših aktivista, komunista u duši...), gde se u vreme ideološke „rasejanosti", uz „objašnjavačke etikete", nudi prava zbirka „metafizičkih ludosti" kojima obiluje svakodnevica.

Karikaturalno (i karikirajuće!) je Weltanschaung glavnog junaka. Sve je kazano u prvom licu, iz pozicije jednog junaka – neimenovanog bolešljivog mladića što neprestano prelistava književne časopise spremajući se da napiše knjigu (o svemu!).

Naslov pomera priču na opšti plan raskolom između enormno razvijenog demokratskog Zapada i neslobodnog, grozno siromašnog Istoka. Amerika je mislena zamenica svih: i mladića Mariusa, fakultetlije koji beži u Ameriku a stiže kao plaćenik-dobrovoljac u Somaliju (prijatno osveženje priče jednoskorašnjom, nezaraslom svetskom ranom!), preko Lujze, tipične „novotalasne" tinejdžerke koja ne samo što se prozapadno ponaša već tako i misli, pa sredovečnog Dana Dugana, okorelog komuniste, partijskog sekretara iz „gvozdene epohe", novokomponovanog biznismena... U takvoj poziciji inferiornosti svaki patriotizam doima se kao lažan, neubedljiv! Čak i nepopravljivi komunista Dugan koji još uvek sanja „povratak na staro" zabrinut je za izlaznu vizu.

...Jedan je nesretnik (dete-čudovište, nađeno na đubrištu!) baš na dan Čauseskuovog sloma prozvan Čausesku – iz perspektive jednog kafansko-stranačkog ugla, za grupu „švercera, rokera i mini-suknjica" je Karađale! Negde između ova dva lika (diktator i komediograf) situiran je ceo istočni svet (ovde izdašno – radiografski dijagnostikovan) na izlasku iz komunizma i na ulasku u – ? Teško otklonjiv „provincijski pogled na svet" (roditelji) i „luksuzno siromaštvo" (nepopravljiva deca) čine da se ovaj roman može čitati i kao porodični roman jer je u epicentru priče porodica Hermeneanu čiju „današnjost" proveravamo „uzduž i popreko". Druga stvarnost je hrana svakog od njih (i nas, razume se!); jedna obećana zemlja (ne država!) ne iscrpljuje se u onome što nas okružuje! Humor je možda jedini odgovor na stravu sveta koji, gubljenjem smisla „iznalazi" svoj haos: jučerašnjost kao i današnjica ne može biti drugačija nego smešna. Na humorno-ironijskom efektu Barbu zasniva svoju proznu strategiju. Unoseći u sentimentalizam (tekuće priče) jake note cinizma pisac pokušava da otvori put ka totalnom doživljaju tranzicije jednog posve nejasnog perioda u razvoju današnjih istočno-evropskih državica, uključujući i Rumuniju kao neprikriveni okvir drame koja, izgleda, malo kog zanima...

Vlast i trauma (tipično za jednu kriznu epohu!) imaju „krhki bilans u jednoj morskoj varoši čiju hroniku imamo kao zadati okvir. Palanački duh kao tragičnost duha periferije, sa pratećim pokazateljima (dosada i glad za događajima, gađenje i sivilo, „nedovršena priviđenja" i pravo na zablude...) doprinosi trivijalizovanju svega sudbinskog (npr. iskrcavanje Amerikanaca) i tragičnog (npr. vežba ruske flote), i sve to potpomognuto motivom „sizifovske" (čitaj: post-komunističke!) uzaludnosti, pripovedanjem koje okuplja slike „načetog" realističkog (prepoznatljivog) okvira. Ta „načetost" omogućava oneobičavanje događaja, inverzije, hipertrofiju realnosti, paralelena viđenja, kolažiranje, upliv trivijalnog, sužavanje i „rasprskavanje" pripovedačkog vidokruga...

Ovim se romanom Petre Barbu potvrđuje kao ambiciozan i atipičan autor rumunske književnosti sa kraja XX veka, pisac „moderne verzije" koji ne beži od „stvarnosti koja nam izmiče", već od „ničijih priča" iz naše neotklonjive socio-političke bio-sfere pravi „naše priče" izdašne u „metafizičkim ludostima" i humornim iskliznućima.

Miljurko Vukadinović

Petre Barbu
BOG BLAGOSILJA AMERIKU

\*

Glavni urednik
JOVICA AĆIN

\*

Grafički urednik
MILAN MILETIĆ

\*

Lektor
MILADIN ĆULAFIĆ

\*

Korektor
MIROSLAVA STOJKOVIĆ

\*

I. P. RAD, d. d.
Beograd, Dečanska 12

\*

Za izdavača
ZORAN VUČIĆ

\*

Priprema teksta
Grafički studio RAD

\*

Štampa
Zuhra, Beograd

www.ingramcontent.com/pod-product-compliance
Lightning Source LLC
Chambersburg PA
CBHW071720090426
42738CB00009B/1827